U0037918

佛教正覺同修會　敬贈

藏傳佛教的神話

——性、謊言、喇嘛教

正玄教授 編著

ISBN 978-986-6431-19-7

本書重點

是蒐集、摘錄網路上質疑「喇嘛教」的帖子，以揭穿「藏傳佛教的神話」為主題，串聯成書，附加說明，讓讀者們瞭解西藏密宗及相關人事如何被操作為「神話」的過程，以及神話背後的真相。

目次

緣起

點給達賴喇嘛聽的歌：

我的阿姊從小不會說話，
在我記事的那年離開了家。
……
從此我就天天、天天的找阿姊啊！
……
天邊傳來陣陣鼓聲，
那是阿姊對我說話！

可憐的阿姊被（喇嘛）選上，剝皮做了鼓！弟妹們從小不知阿姊去哪了？長大之後，才明白：天邊傳來的鼓聲，就是阿姊在訴說！嗡 嘛呢 叭咪吽，嗡 嘛呢 叭咪 吽……。

一首歌的背後，竟有這麼悲慘的故事；而整個西藏密教史，隱藏了更多不爲人知的罪惡！這絕不是誇飾、撒謊的喇嘛「神話」所能遮蓋的！且讓我們從「人性」的角度，聆聽這首歌的冤情，進而以「理性」的態度探索喇嘛教的秘密！

正值達賴喇嘛流亡五十週年，而有《密勒日巴》、《達賴喇嘛復興之路》、《轉世小活佛》之類的電影，陸續在台灣上映；本地的藏傳佛教人士藉此大作宣傳，贈票、演講、共修、加持，炒得不亦熱乎，符合了宗教學的「造神」運動；尤其達賴喇嘛，挾帶了諾貝爾和平獎的光環，被媒體評爲「最有人緣的政治領袖」。雖然東西方有許多學者對達賴的「神聖性」與「眞誠性」持疑，也有足夠的證據揭發他在宗教與政治的「僞善」，但由於舉世「同情」、「好奇」者不少，「崇拜」、「仰慕」者更多，各國各地的政商、媒體，也樂於利用其聲望以煽惑群眾，因此形成一種「利益共同體」的複雜組合——達賴喇嘛成了新時代的救世主、贖罪者、或「和平、慈悲」的先知（Prophet），超越了全球一切獨立或對立的政治體系與宗教組織，可說是「魅力」（charisma）無限！一個平凡而流亡的喇嘛教僧人，卻擁有如此崇高而神秘的地位，眞是世界奇觀！

愛屋及烏，西方人對西藏的景觀、文化與宗教，也幾乎不加揀擇的接受、讚嘆，在情感的迷思中成就了各種「神話」的附會：說「西藏」是地球最後的淨土——香格里拉；「喇嘛教」是佛教的最上乘（無上瑜伽）；「仁波切」是佛菩薩的化身（轉世活佛）；「男女雙修」可即身成佛；「吃肉喝酒」不犯根本戒……。總之，喇嘛怎麼說，人們就怎麼信。因為，他們是活佛、是法王、是上師，一切行為必有深意，「信」則得永生，「疑」必下地獄！

然而，詐騙集團遍佈、詐騙手法翻新的時代，您真的就這樣相信了嗎？有時候，「宗教」就是最深的陷阱、最大的亂源：一般的騙財騙色，易於拆穿，且受法律制裁；宗教的騙財騙色，卻包裝了神聖的理論，受害者多半不懷疑、不聲張，也沒有相對應的法律可規範，只能獨自承受，終身悔恨！

西藏文化與達賴喇嘛備受舉世狂迷、全球仰望的時候，本書從網路上挑選（節錄）三十篇短文，都是對「藏傳佛教」被不正當「神化」所提出的評論，其中有學者的論文、記者的報導，也有網友的發言，多半是言而有據、切中要害的，供讀著們從另一個角度「觀察」事實、「瞭解」眞相，或進而循線訪查、深入追究，揭開藏傳佛教的神秘面紗，看透藏傳佛教的邪淫本質而不再被迷惑、受傷害，回歸正常的倫理生活，或轉依正信的佛法知見，這是很重要的覺醒與抉擇，對自己、對他人，乃至對人類的命運，都是充分而必要的。但盼讀者切勿遲疑不信、或反感生瞋，以至於耽誤了自他轉迷起悟、安身立命的因緣。

一、神話「西藏」：最後的淨土——香巴拉？

現代人所認知的西藏高原，其實是由歐美「神秘主義」與「享樂主義」所編織的夢想，是西方近代文明的空乏感，轉而投射於東方土地的幻象，作爲神聖種族與純淨國度之所在的「香格里拉」，事實上並不存在，卻不妨成爲一種虛擬的安慰。且看以下的引文：

事實上，在西方人的頭腦中，西藏始終是與神秘主義聯繫在一起的，神智論（一種認爲可以與神鬼交流的學術）的創始人布拉瓦斯基曾宣稱，藏人是「第五個根源性種族」的原型，而藏人居住的香巴拉是**「最高貴的人類血統的母國」**；而在西方十分暢銷的《消失的地平線》（作者爲美籍英國作家詹姆斯．希爾頓）一書中，也將西藏描述成保存人類文明復活種子的「香格里拉」。這些充滿神秘意味的傳說和思維，甚至對希特勒產生了「決定性」的影響。

史料記載，二戰期間，希特勒兩度讓納粹黨衛軍頭子希姆萊組建探險隊，深入西藏尋找「日爾曼民族的祖先」——亞特蘭蒂斯神族存在的證據，尋找能改變時間、打造「**不死軍團**」的「地球軸心」。「西方人對西藏的認識，是一個由『神智論』創造的、理想的、完美的形象，其核心是超現實的精神性。」清華大學人文學院教授汪暉說。

一個例子可以說明：一八九一年，英國作家柯南．道爾給福爾摩斯探案故事寫了結尾：大偵探與敵手一起墜入深淵。沒想到，福爾摩斯的「**犧牲**」引起了全世界讀者的抗議。柯南．道爾只得讓英雄復活——原來福爾摩斯去了西藏，回來後更聰慧，破獲了很多案件。西方讀者對這個續集很滿意，在他們眼中，西藏應該具備起死回生的魔力。西方人一手打造的「**西藏神話**」其想像力之豐富堪比《一千零一夜》：西藏是『黃金國』；西元十二世紀，統治西藏的是一個名叫約翰的基督教國王；在神秘的西藏，一切皆有可能……。

（〈被放大的夢境〉，僑報記者　黃行／文，2009/3/8，http://65.19.141.170:81/zhuanji/html/2009-03/11/content_147115.htm）

自詡為科學、理性、實證的西方人，在宗教信仰與心靈寄託上卻顯得迷信、幼稚、無助，擅以想像力構造了各種「神話」影像，安住於其中，以掩飾他們對於「事實」的懈怠與無知，這種情況卻被東方的學者指出：

神智論創造了一種理想的、超現實的西藏形象。一片未受文明污染的、帶著精神性的、神秘主義的、沒有饑餓、犯罪和濫飲的、與世隔絕的國度，一群仍然擁有古老的智慧的人群。這個西藏形象與農奴制時代的西藏現實相差很遙遠，但卻從不同的方向塑造了西方人對東方、尤其是西藏的理解。……納粹認為「西藏」是雅利安祖先和神秘智慧的故土。一九六二年，法國學者路易士·鮑維爾（Louis Pauwels)和雅克·博基爾 (Jacques Bergier)出版了一本十分暢銷的書，叫做《魔術師的早晨》，……詳細地整理了這個故事。大洪水後一些倖存的智者定居于喜馬拉雅山麓，他們分為兩支：納粹的先輩們(Nordic people)由右路到了阿嘉西；共濟會會員和閃米特人從左路到了香巴拉。這個故事據說曾給納粹很大的影響。很顯然，這與西藏無關，完全是歐洲人的創造。……隨著時代的變化，雅利安喇嘛和白種人在這個神話中的角色逐漸地消失了，代之而起的是西藏喇嘛的角色——與其說他們是宗喀巴的後人，不如說他們是西方人的創造物。我這裏說的還不是五十年代末期以降美國對於西藏流亡政治的直接操縱，而是說有些喇嘛已經成爲西方大眾文化中的角色。各種各樣與此相關的電影、商品、藝術作品和飾物遍佈了各大商店、影院和畫廊。「作爲夢幻世界的西藏」展出了許多這樣的東西，策展者問道：「爲什麼人們連想也沒有想過在體恤衫上印上這些神聖的標記是一種褻瀆？」藏傳佛教鼓勵無私的奉獻，而這些商品只能服務於個人的自私的佔有欲。那些對基督失去信仰的人，現在轉向了精神性的西藏——但這個西藏其實更像是時尚，而不是精神的故鄉。許多好萊塢的明星和名人——他們很可能對西藏一無所知——成爲喇嘛教的信徒和敵視中國的人物，這件事情發生在西方時尚世界的中心，倒也並不奇怪。

（〈東方主義、民族區域自治與尊嚴政治〉，汪暉，http://www.wyzxsx.com/Article/Class17/200806/40777.html）

西方視野中的西藏，隨其情緒而變形，有時「妖魔化」以抹黑之，有時「神話化」而崇拜之，遠看成嶺側成峰，在兩極之間擺盪，就是看不到整體、眞相——如此「虛構」的西藏，階段性滿足了西方人的精神渴求；作爲政教領袖的達賴喇嘛及其擁護者，很清楚這種渴求而善用之，以「科學、和平、慈悲、團結」之類的口號，迎合西方人的喜好，製造西方人的錯覺，有計畫海撈錢財、擴展名望、操控人心（就如過去之奴役西藏人民），讓「西藏」成爲國際爭論的焦點，而趁機於其中漁翁得利、坐大勢力，未來或許來個絕地大反攻，反客爲主，實現了「時輪經」中所預告的：喇嘛教的大軍終將以優勢的武力統一全世界。

上個世紀八十年代以來，西方瀰漫著一股經久不衰的西藏熱，但西方人對西藏的熱愛並非是一種超越自我的愛，而是西方「東方主義」的一個經典實例。簡單說來，西方人視野中的西藏是一個精神化了的虛擬空間，是莫須有的香格里拉，擁有西方文明中已經失去了的、令人渴望的一切美好的東西。這樣的一個西藏無疑從來沒有在歷史上存在過，將來也永遠不可能出現。說穿了，西藏是西方人心中一個不可或缺的「他者」，是他們觀照自己的一面鏡子，是他們用來確定自己認同的座標，是寄託他們的夢想和懷舊之情的精神超市。那麼，一個實實在在的西藏何以會變成這麼一個子虛烏有的虛擬空間的呢？要回答這個問題，我們有必要對西方人瞭解、認識西藏的歷史作一番回顧。

西方的「西藏形象」千差萬別，被妖魔化時西藏人是食人生番，被神話化時西藏是美麗的香格里拉。不管是妖魔化，還是神話化西藏，它們都跟西藏本身沒有多大的關係，西藏形象的變化反映出的是西方社會自己的變化。……

西元一世紀地理學家托勒密的名著《地理》再次出現有關西藏的記載，提到了一座銅色的山。銅色山在藏族人民心中是蓮花生大師隱居的一座聖山。西方人較多地瞭解西藏是從《馬可波羅遊記》開始的。事實上，馬可波羅也沒有到過西藏，卻留下不少添油加醋的記載。他說西藏人是最擅魔術的人，西藏和喀什米爾的『八哈失』是世界上最厲害的魔術師，還說西藏人是最不講道德、廉恥的人。說遊客到西藏去，藏族的母親們就會親自將他們的女兒送過來，跟他們過夜。……

西方的啓蒙時代曾是一個浪漫化的東方時代，可西藏依然被當成典型的東方國家，即一個專制、愚昧、落後、非理性的國家，而受到啓蒙思想家們的批判。……黑格爾還專門對西藏活佛轉世制度作過理性的批判，他說達賴喇嘛既是人又是神，神人合一，這是矛盾的，是不可能出現的東西。直至晚近，西方人大多認爲西藏的活佛轉世制度是一種騙人的把戲，是欺騙百姓的一種政治伎倆。……

維多利亞時代的東方學家們亦對藏傳佛教非常的不屑，認爲藏傳佛教是離原始、正宗佛教最遠的、最墮落的一個分支，它根本就不配被叫做佛教，而只能被稱爲『喇嘛教』。……達賴喇嘛于一九七九年出於絕望和無奈向德國媒體宣佈他將是西藏最後一位達賴喇嘛。西方人，包括他們中的西藏學家們普遍認爲活佛轉世制度是一種政治工具。

與對西藏的妖魔化形影相伴的是對西藏的神話化。……十九世紀後期開始風靡西方世界的神智學（Theosophy，或譯通靈學、神靈學）。這個學派的創始人是一位半仙式的俄國婦女，人稱 Madam Blavasky，布拉法斯基夫人。她自小熱衷於神神鬼鬼的東西，十七歲開始浪迹天涯，尋求神智。最後到了西藏，自稱在紮什倫布寺附近的某個地方隨一位喇嘛學了七年的密法，終於找到了開啓神智的鑰匙。隨後來到紐約，創立了神智學會，風靡世界。……進而將西藏的神話化推進到一個新高度的是《西藏死亡書》的出版，而其作者亦是布拉法斯基夫人的粉絲，一位生性怪僻的美國人伊文思．溫慈。他把藏傳佛教寧瑪派所傳的一本密法儀軌翻譯成英文，題名爲《西藏死亡書》，從此變成了西方人所知的最著名的東方精神經典之一。

今天在西方一提到西藏，人們就會想起香格里拉。香格里拉聽起來不俗，但散發著濃厚的殖民主義和帝國主義氣息。一九三三年，一位名叫 James Hilton 的人發表了一部題爲《失落的地平線》

的小說，一路暢銷至今，爲遁世主義小說之母。……香格里拉的居民彙集世界各路精英，圖書館裏面充滿了西方文學的經典，收藏的藝術品裏面有宋代的瓷器，演奏的音樂中竟有蕭邦未曾來得及於世間公佈的傑作，可以說世界文明的精華咸集於此。香格里拉的居民人人享受著現代、富足的生活，但所有的西藏人卻住在宮殿的腳下，他們都是伺候那些喇嘛及其他居民的僕人。除了西藏人以外，這裏的人都長生不老。顯然，香格里拉是西方殖民主義者給自己描繪的一個天堂，是一個充滿著帝國主義腐臭的地方，是西方人嚮往的東方樂園。隨著 Hilton 的小說和電影中的香格里拉形象於西方深入人心，漸漸地西方人把西藏和香格里拉等同了起來，儘管西藏人自己從來沒有把西藏當成香巴拉，或香格里拉。

上個世紀七十年代的美國的嬉皮士亦與西藏搭點邊。當時流行使用迷幻藥，有三位哈佛的教授製作化學毒品ＬＳＤ，並合作把《西藏死亡書》改寫成使用毒品的指南，說《西藏死亡書》中所描寫的那個死後世界就跟吃了迷幻藥所看到的景象一模一樣，所以吃迷幻藥的人同樣可以克服、超越死亡。嬉皮士實際上是七十年代開始盛行的所謂新時代運動（New Age Movement）的幹將。新時代運動與神智學會先後相應，二者在精神上一脈相承。新時代運動的參與者想建立一種沒有權威的，極端個人的社會，享受直接的、有另類選擇的宗教和精神體驗。西藏及其藏傳佛教成了新時代信仰大雜燴中一種必不可少的成分。九十年代以來風行世界的《西藏生死書》是新時代運動的典型作品，作者索甲活佛把許多根本不屬於西藏佛教的東西塞進了這一部西藏佛教密法之中。

（〈妖魔與神話：西方視野中的西藏〉，沈衛榮，2006/12/25，http://discovery.cctv.com/20061225/104302.shtml）

看了前兩位學者的論述，多少可理解：近代的西藏，以一種神秘而虛幻的形象進入世界舞台，造成了騷動、形成了時髦；然而這種扭曲的投影、意外的驚喜，說穿了，全是西方人在腦袋裡自編自演的夢境，滿足了部分的想像；至於西藏的歷史與眞相如何呢？且看這一篇報告：

編者按：日前，在美國留學的一位中國學生致電中國西藏信息中心，說她準備在公共演講課上做關於舊西藏的介紹，希望我們提供一些圖片，編者推薦了《西藏今昔》專題供她參考。隨後她在學校的公共講演課上面對師生發表了題爲《香格里拉——神話背後眞實的舊西藏》的演講，並將具體情況發回告知我們。現將其來信與網友們分享。……

在分析了很多報導以及美國網友們的發言之後，我發現，很多美國人對西藏的歷史一無所知，他們被媒體、報刊和電影所給出的完美的如同失樂園一般的西藏所誤導，一方面認爲解放前的西藏是香格里拉，一方面認爲一九五一開始的革命破壞了這一仙境般的地方，玷污了這一極樂淨土。對於這部分美國民眾，如果跟他們談領土主權、談現在西藏人民有充分的人權、達賴是否有資格來和中國政府談判等等，那眞是又費馬達又費電。與其正面交鋒，不如直接把歷史的眞相放到他們面前，用數據、史實、西方藏學家的著作、圖片，向他們證明，解放前的西藏，人民的生活就像中世紀歐洲的農奴，或者像南方蓄奴州的非洲黑奴，甚至更淒慘。……

演講開始，我先陳述舊西藏在西方媒體的形象，和西方大眾的迷思，然後話鋒一轉，直接指出這些都是幻象。歷史上的西藏其實是在達賴喇嘛統治下的封建農奴社會，與香格里拉相距甚遠。……

我大致介紹了造成西藏與世隔絕封閉落後的原因……這種封閉的環境導致了西藏社會的發展遠遠落後於外界，……西藏人民在「解放」前夕的生活狀況：九十％的人沒有住房，九十五％的人是文盲，所有的農奴和奴隸都沒有上過學甚至沒有基本的醫療保障。……作了上述鋪墊後，就該拿出看得見的證據了。

……就是這兩部法典，明文規定把人劃爲三等九級，並且明示了人在法律上的權利是不平等的。……《十三法典》明文規定了鐵匠、廚師和婦女是處在社會等級中最底下的一級，同時規定了她們的生命僅僅價值一條草繩。……

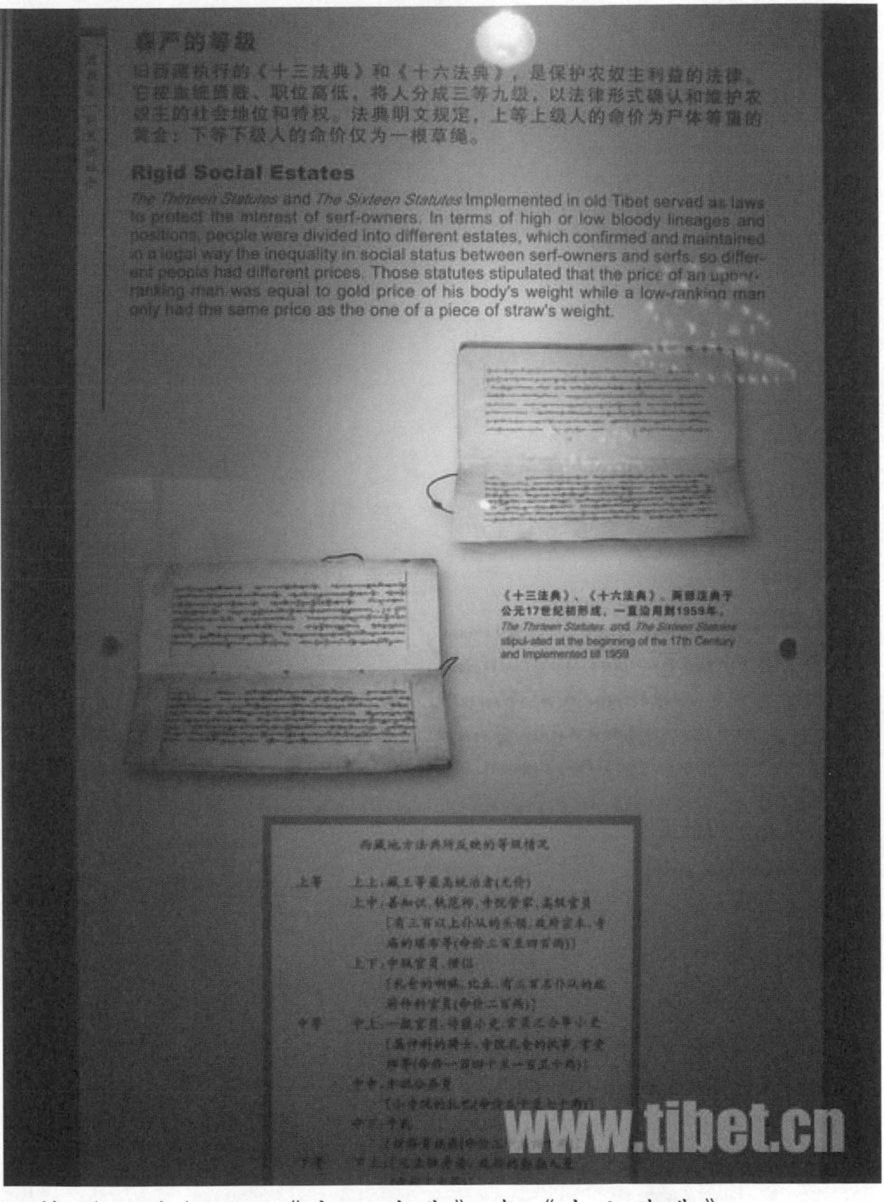
旧西藏执行的《十三法典》和《十六法典》，是保护农奴主利益的法律。它按血统贵贱、职位高低，将人分成三等九级，以法律形式确认和维护农奴主的社会地位和特权。法典明文规定，上等上级人的命价为尸体等重的黄金；下等下级人的命价仅为一根草绳。
Rigid Social Estates
The Thirteen Statutes and The Sixteen Statutes implemented in old Tibet served as laws to protect the interest of serf-owners. In terms of high or low bloody lineages and positions, people were divided into different estates, which confirmed and maintained in a legal way the inequality in social status between serf-owners and serfs, so different people had different prices. Those statutes stipulated that the price of an upper-ranking man was equal to gold price of his body's weight while a low-ranking man only had the same price as the one of a piece of straw's weight.
《十三法典》、《十六法典》，两部法典于公元17世纪初形成，一直沿用到1959年。
The Thirteen Statutes and The Sixteen Statutes stipul-ated at the beginning of the 17th Century and implemented till 1959
www.tibet.cn

證據（照片）1：《十三法典》與《十六法典》
http://xz.people.com.cn/mediafile/200812/19/P200812190949402937761332.jpg

證據（照片）２：牧民布德訴說被挖眼的經過
http://xz.people.com.cn/mediafile/200812/19/P2
00812190949501969262119.jpg

證據（照片）3：被農奴主剝下的農奴（小孩）的皮
http://xz.people.com.cn/mediafile/20081
2/19/P200812190950012626525934.jpg

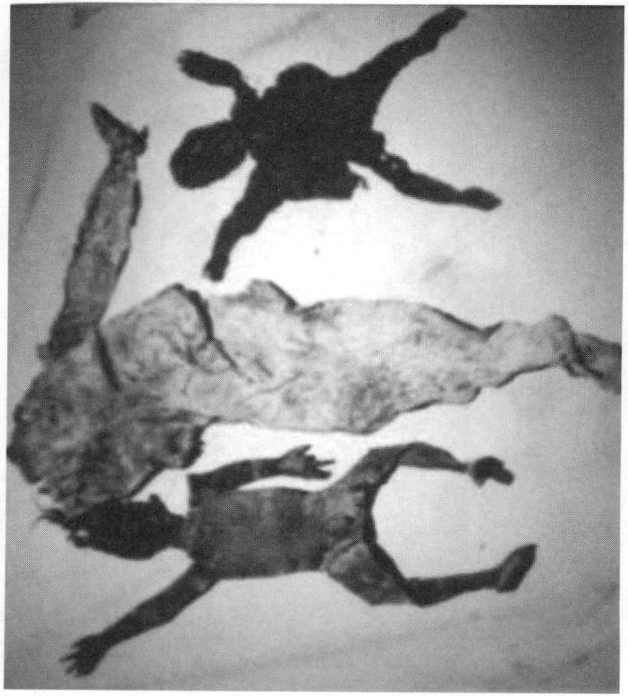

……西藏宗教儀式的傳統就是要用人頭、人血和其他人體器官來祭祀，甚至僅僅是爲了祈禱達賴喇嘛的健康長壽。……在介紹了兩封信的內容後，我向他們強調：根據喇嘛教的信念，所有的人體器官都必須是在人活著的時候取出才有效用——人皮當然也要是活剝的！……結尾時我再次強調：在達賴喇嘛統治下的封建農奴社會的西藏，她的人民生活在貧窮、落後和壓迫之中，絕對不是香格里拉！……

（〈一位中國留學生的公共講演課：神話背後的舊西藏〉，陳姿肖，2008/12/14，http://xz.people.com.cn/BIG5/139199/8546694.html）

這其中最令人難過且憤怒的是：所有的藏民都是喇嘛與地主的農奴，可被任意「挖眼」以刑罰、或「剝皮」爲祭品！這些有憑有據的事實被公開之後，多數活在「平等、民主、文明」的美國人，在震驚之餘，或可重新認識「西藏」與「喇嘛教」的眞相吧！若還是不信，就請聆聽流行歌「阿姊鼓」哀怨的控訴：

在東西文化秩序傾斜的世界中，中國仍被不少西方人視爲『充滿獵奇的冒險家樂園』。其中，西藏常被譽之『消失地平線』的香格里拉、中世紀歐洲失落的基督教王國。神秘、玄妙、空靈、原始、古樸、狂野……西藏自然和人文景觀中的這些特質，切合厭倦工業文明、尋求精神淨土的西方人的獵奇需求。……正如這曲《阿姊鼓》，它在西方好評如潮，但美妙的鼓聲中飽含多少歷史滄桑，西方人眞的聽得懂嗎？藏族小姑娘失去了相依相伴的啞巴阿姊，直至她長到阿姊那麼大，聽到遠方的鼓聲，才突然明白，是夢想的幸福帶走了阿姊，也許還將帶走已成人的她。當年西藏農奴主殘酷剝取女人的皮，製成人皮鼓，女人們無處逃脫『宿命』，只有在『嗡嘛呢叭咪哞』的藏傳佛教六字箴言中，捻花一笑，期待生死輪迴……據說，當年達賴喇嘛流亡國外時，曾帶走約六十七件人皮製品和人骨法器。其中，美國政府獲贈兩件人皮唐卡、一件人頭骨法器、一個以人骨製成手把的轉經筒；諾貝爾獎評審委員會亦獲贈一件人皮唐卡和一件人頭骨法器；達賴還將以人皮作刀鞘的藏刀，贈予支援藏獨的少數歐美官員和演員。常以人權爲名責難中國，卻對以人皮骨所製的禮品欣然笑納，這眞富諷刺意味！

（〈想起了天邊的阿姊鼓〉，徐燕，2008/3/31，僑報網，http://big5.cri.cn/gate/big5/gb.cri.cn/18724/2008/04/15/342@2020280.htm）

二、神話「喇嘛」：藏傳佛教非佛教、活佛不是佛

如前所說，西方人刻意的神化了西藏；但是地理開放、文化交流之後，神秘的想像成了可觸摸的平常，西藏轉型爲地球上一處「旅遊」景點，看多了就不以爲奇。但是，人類是善於僞裝的，不似「山川景物」那樣赤裸地攤開，任何人都可以盡情的瀏覽。西方遊客踏上了西藏的土地，西藏喇嘛卻竄入西方的世界：奇裝異服的黃種人走在洋人的街頭，仍然引人注目——由於一種異國情調的催眠，讓人誤以爲「遠來的和尚」會唸經！

隨著時代變遷，西藏與外界聯繫增多，西藏人不再被視爲「雅利安」血統（納粹稱之爲「高尚的純種」）的後裔，但西藏的神秘色彩卻沒有消失——「喇嘛」成了西藏神話新的主角。在清華大學教授汪暉看來，喇嘛「是西方人的創造物」，「有些喇嘛已成爲西方大眾文化中的角色，各種與此相關的電影、商品、藝術品和飾物遍佈各大商店、影院和畫廊。」可以想像，商業化過程中，西藏的眞實形象

難免被進一步扭曲，其神秘主義因素得到進一步強化，以適應消費者的口味。比如西方的電影中，西藏總是顯得聖潔，喇嘛會具有很多神秘的力量。比如由知名華人影星周潤發主演的《防彈武僧》（Bulletproof），就賦予了西藏喇嘛不死的神奇能力。……其實，西藏從古到今，既不是和平的天堂，也不是聖潔的樂土，更加不具備讓人起死回生和更加聰慧的魔法，西藏人與普通人一樣，也要吃喝拉撒，也有喜怒哀樂。

（〈西方人創造了喇嘛〉，僑報記者　黃行／文，http://epaper.usqiaobao.com:81/zhuanji/page/4/2009-03-11/A03/81691236741979087.pdf）

藏語「喇嘛」的意思，類似漢語的「和尚」、「上師」。西藏喇嘛以一種神秘怪異的形象在西方走紅，那是政治、宗教、心理等複雜因素的結果，符合了流行文化的消費需求，雙方各取所需，也沒什麼可說的；但是，他們卻打著「佛教」的旗號，欺騙西方人，並且自吹是佛教中的「最上乘」，誤導西方人以爲藏傳佛教=佛教，足以代表全體佛教！因此，大量地竊取佛教「名相」以包裝其鬼神信仰的「內容」，更進而僞造、創立新的名目，

新的名目，以迷惑世人的心目；這其中最嚴重、也最荒謬的是「佛菩薩化身」、「活佛轉世」的妄語，[1] 起初只是一種信仰式的傳說，其後由於「政權」的強化，就成了共識與制度；這過程中有許多迂迴曲折與將錯就錯的內幕，很少人瞭解清楚。然而，可確定的是：喇嘛教非佛教，活佛不是佛！

甲、活佛不是佛

活佛是蒙古西藏青海一帶喇嘛教政教領袖的稱呼，活佛只是當地人民對該領袖尊稱，與佛教之佛不相干。雖然當地人民自稱也信奉佛法，收藏印度本土拋棄不要的佛教書籍，五體投地拜佛，這只是民俗宗教歸屬正統宗教的依附行為，殊不知所收藏所信奉之佛法並非正法律。

1 宗喀巴號稱「文殊菩薩」化身，達賴喇嘛說是「觀世音菩薩」轉世，都是西藏人的無稽之談；尤有甚者，蓮花生被捧爲「第二佛陀」，是阿彌陀佛、觀世音菩薩、釋迦牟尼佛「身、語、意」三密的應化身，集大成。（詳見【蓮花遺教】——白瑪錯，《藏傳佛教的蓮花生信仰》第一章，中國藏學出版社，2009/9，頁4。）

佛法雖然發源於印度，但於世尊入滅一段時間之後，婆羅門文化復興，梵我含攝諸方民俗宗教的神而建立了印度教，佛法卻日漸變質而墮落而形成密教，教徒『沉迷於咒術及男女性愛之術』，名爲無上瑜珈，亦名爲金剛乘，自詡於污染中而不染，如蓮花出污泥而不染。一向禁欲的學者，於性開放之後肆無忌憚與金剛上師與佛母行淫欲之樂。所謂佛母就是供學者於性愛中修氣修脈，修喜樂大定之女性，以其協助學者即身成佛，故美其名爲佛母。密教盛行後，男女雙修的行爲格格不入於印度傳統文化，成爲印度文化負枷。當回教國家統治印度時，淫穢的密行更不見容於回教，與佛教同時發展於印度的耆那教、印度教，以及其他宗教未受摧殘毀滅，獨獨密教化的佛教幾乎在印度滅亡了。若說佛教滅於回教之侵略，不如說印度文明乘勢把印度文明中『沉迷於咒術及男女性愛之術』的垃圾拋棄焚毀。

就在此時開展西藏文化的喇嘛教如獲至寶，收藏了印度文明的拋棄物；**這些拋棄物，又輾轉流布於中國**。信仰之人因其法『於貪欲中卻可成就菩提之法』而將之視爲無上法寶，故貪欲炙盛者熱愛護持，並流行於各地乃至歐美地區。金剛上師及佛母所到之處，活佛之威德也隨之流傳，一般佛教信徒不辨眞實，以爲活佛就是活生生的佛。

其實男女雙修只是性愛遊戲，反而令行者墮落而不知自拔，活佛也只是凡夫，或許有過人的世智辯聰，卻不是佛。爲什麼呢？活佛標榜轉世，當知凡夫才不斷受生轉世，凡夫才將『貪著淫欲行爲』當成是正修行，是故說活佛只是凡夫。若基於世間思惟之想：『居然有人能轉世再生者，不視他爲佛則何？亦認爲人類於性愛中不堪久戰，不能不漏精，而金剛上師能久戰能不漏，不視他爲活佛則何？』試想：於六道中輪迴不休的主因是什麼？不捨淫行者再生轉世乃『不得不爾的業報』。其實性行爲的本質來看，不待漏精、不待漏氣、不待漏神的本身就是有漏，於雙修時不待漏精，已剎那剎那與有漏欲界相應，已剎那剎那間虧損慧命，終至墮落。要當離欲，與欲界劃清界線，不與欲界相應，貪瞋癡永斷無餘乃名爲無漏。不因業力所逼而轉世受生、因不捨眾生苦以乘願力再來乃名爲菩薩、名爲佛。而今許多西藏密宗的信仰者顚倒是非，把行淫欲轉世再生的凡夫視爲聖者，以爲是活生生的佛，適足以說明其人不知道什麼叫作佛。是故知西藏密宗之活佛不出生死輪迴，轉世再生的活佛乃有我凡夫，是故說『活佛不是佛』。

（〈活佛不是佛〉，2008/12/8，http://www.mxzjnet.org/bbs/viewthread.php?tid=621）

除了上述的歷史解說，也有人從詞語的意涵作分析：

藏語「Tulku／祖古」，是轉世修行人，蒙古語「Hutukutu／呼圖克圖」意爲『化身』或『轉世者』，用於大德高僧之轉世而被核確無誤者。又，藏語「Rinqoche／仁波切」是轉世者，或方丈及有地位者的尊稱。漢地將 Tulku、Rinqoche 譯爲『活佛』，是大錯！藏文這兩字皆無上述的意思。所以「活佛」是中國人自創的崇拜辭，如《五代史平話／周史》卷上：「全活一城生靈，便是『活佛』出世也！」

『活佛』不是佛，但這個詞在中國卻流傳很廣，也被移花接木而造出各式各樣的活佛；大概是中國人喜歡『活』的事物，有形有相有作用的在現實上給人們利益，總比遠在西天的 阿彌陀佛、或入了涅槃的 釋迦牟尼佛，更給人現前的希望，以及親近的可能；因此，許多邪教或神棍就迎合這種需求而『自封』爲佛（蓮生—盧勝彥、喜饒根登—吳文投）、或『印證』某人爲佛（西藏密教）、或口耳相傳積非成是，於是，古今中外，可就『活佛』滿街走了！雖然都不符合佛教經論，卻說明瞭兩點：

1、「佛」這個名號，仍是學佛人心中是至尊無上、無可取代的；

2、娑婆世界永遠渴求 佛的降生或示現。

這兩點，直接與佛法的住世流布、善知識的說法度眾及學佛人的修行證果有關——與其仰天等待佛菩薩降臨救度，不如努力跟隨善知識學法實修；眞能如此，道業有成，則不被娑婆所困，乃至不受輪迴所拘，而得以發願往生或自由來往『十方佛土』，禮拜供養諸佛報身——這是正途吧！

否則，以世俗心奢望世間人，就難免被假名活佛（乃至於鬼魔化現）所騙！『名號』是緣生虛妄法，隨人取用，即使有世間法律或習俗約定的保障，卻還是有盜名欺世、冒名頂替的情況，因此，必須仔細考驗其內容事實，依實不依名——依法不依人、依義不依語，以免於被迷受騙！尤其中國人多的是循名而不求實，著相而信爲眞，更容易被『邪師神棍』唬弄了！

古時，中國最出名的『活佛』——濟公，其形象、舉止，易與『西藏密教』混淆，或被『民間信仰』附會。如民初盛傳的『金山活佛』，樂觀法師著：《金山活佛神異錄》／三、活佛尊號的由來：「妙善大師之所以被人稱爲『活佛』，絕非偶然，一定是他有了特殊神奇的表現，他的行徑，類似小說書中的『濟公活佛』，所以大家才稱呼他叫活佛。」或如一貫道祖師張天然：「師尊乃天然濟公活佛，曾于宋朝末年化身濟公活佛，而于清光緒十五年（一八八九）

再度倒裝降世，生於一書香世家。師尊姓張（弓長祖）名奎生，字光壁，祖籍魯西，山東濟甯城南鄉雙劉店人。」類似這樣的眞人實事而冠上「濟公」的名相，豈不就是中國版的『轉世』活佛？更別說還有多少小神壇、小神棍冒用濟公乃至其他活佛的名義而招搖撞騙？雖然如印光大師也曾對這類的事，提出一些警告，卻不徹底，如：「彼見志公，濟顚皆有吃肉之事。然志公，濟顚並未膺宏揚佛法之職，不過遇境逢緣，特爲指示佛法之不思議境界理事。……住持佛法之人，若不依佛制，即是魔類。況彼魔子是魔王眷屬，完全不是佛法乎。」（《印光法師文鈔續編》，〈複楊樹枝居士書〉四）又，「凡佛菩薩現身，若示同凡夫，唯以道德教化人，絕不顯神通。若顯神通，便不能在世間住。唯現作顚狂者，顯則無妨，非曰修行人皆宜飲酒食肉也。世間善人，尚不飲酒食肉。況爲佛弟子，要教化眾生，而自己尚不依教奉行，則不但不能令人生信，反令人退失信心。」（《增廣印光法師文鈔》卷一〈複龐契貞書〉）

這類人也不過耍些不明來路的幻術（神通？）說些不著邊際的

渾話（天啓？），人們又把他誇大渲染，當事人也就眾命難違而成了佛，或黃袍加身而登了壇，從頭到尾，如同演戲，卻也臺上臺下煞有介事的熱鬧一片。人們總需要『神佛』來膜拜、供奉，且越多越好；也因此「世間代有活佛出，各領風騷數十年」，看似市場供需的自然機制，卻隱然成了人心的毒癮、社會的亂源，爲害甚大！

結論是：不論「漢地傳說」的活佛，或「藏語錯譯」的活佛，都不是眞佛，主要源於中國人的愚昧的「偶像」崇拜，又被有心人利用，在「造佛運動」的迷思下，大量的藏密邪師與本地神棍，就不正當的被拱成活佛，而予取予求，貪得無厭。盲從迷信者的下場是：花錢不消災、失身千古恨；又因爲間接的助成邪教／魔法的存在與流傳，死後還得下地獄！

（歸本際：〈什麼是『活佛』〉，http://www.mxzjnet.org/bbs/redirect.php?tid=1089&goto=lastpost#lastpost）

既然如此，所謂的活佛，其實是人爲操作（認證）下的產物，充其量是藏傳佛教(喇嘛教)某些宗派的領導人或寺院的住持者，本質上是擁有「尊貴身分」、受到「上等教育」的凡夫(同於一般不學佛的人)！喇嘛教的個別團體，各自挑選靈童，有計劃給予完整的栽培、豐厚的待遇，然後推上寶座，向民眾公開說法、加持，以此換取信徒的供養、崇拜——整件事可說是「宗教」形式的投資，目的在於世俗的名與利，「活佛」只是一種職業頭銜，或一個商品名牌。這些活佛們多半是年輕俊美、能言善道，又置身於人情物慾的頂端，成了「密法」的超級推銷員，豈能不受誘惑？何況，藏傳佛教教義的本質就是「欲界五欲」的極致(強)化與合法(美)化，因此，這些「幸運」的凡夫們樂於扮演「活佛」的角色，名利雙收，繁華享盡！且看下面的報導：

曾幾何時，看厭了螢幕上那些油頭粉面的小男生和裝腔作勢的老男人的當代妖精們，紛紛將色迷迷的目光轉向來自雪域高原的活佛。究其原因，大致有三：

一、這些活佛的年紀甚輕，多為八十後(編案：一九八〇年代以後出生者)，卻頂有仁波切(即上師、活佛)甚至法王的尊號，為萬千信徒頂禮供奉，給人以莫大的神秘感；另一方面妖精們對帥和尚的熱情，從唐三藏傳承至今，永爲時代最潮；

二、西域的活佛大多從小即被認定爲轉世靈童，而不像中土僧人長大後才發願出家，因此其生活喜好與常人並無不同，與我們更有親近感；另一方面他們較少沾染塵世的污濁，大多心性純眞。在現代的水泥都市裡，誰還能找到這樣的好男人；

三、雪國佛界各派教規自立，飲食男女並不像中土一般禁忌。前有六世佛爺倉央嘉措的情歌傳世，就連白教領袖尊聖的第十五世大寶法王和黃教領袖尊聖的第十世班禪，也曾娶妻並生育子女。至於其他大小活佛，結婚成家者更比比皆是。因此這些活佛雖爲修行之人，但並非沒有相偕相伴的可能。

（〈花樣活佛〉，http://www.xici.net/b15420/d84005618.htm）

活佛既然不是佛，而是凡夫，七情六慾樣樣具足；但因爲從小受藏傳佛教邪法的教導，成年之後，賦予他們名位與特權，背後有龐大的教團組織作支撐，爲他打理、安排，一切行爲都被神聖化、除罪化，等於是鼓勵、縱容他們以各種手段去滿足情慾、宣揚男女合修追求淫樂的教法。對信眾而言，美其名爲無上瑜伽教法與財物供養，說穿了就是騙色斂財，這是喇嘛教向全世界積極推廣的主要目的！當然，基於職業內規，不論發生了什麼傷風敗俗、違法亂倫的情況，被民眾檢舉、媒體揭發，乃至於告上法庭時，活佛們都必須矢口否認，以宗教術語來應對；然後，全身而退，轉移陣地；或罰錢了事，依然故我。受害者幾乎都是投訴無門，含恨以終。

然而，虛僞行騙、作惡多端的喇嘛、活佛們，殘害了許多人之後，眞的都能「即身成佛」或「壽終正寢」嗎？由於現實上的利害關係，他們的邪淫事蹟與臨終狀況，都被刻意的掩蓋或美化了，外人難知其詳。但是，以常理推測，不可能有好下場的；尤其是，被許多受害人或懂事者「咒罵」到死，也不是很光榮、很安祥的：

青海省、果洛州、甘德縣、龍恩寺，是寧瑪派（紅教）著名的寺廟，有很多白衣長髮的瑜伽士，該寺廟以修行法術成就著稱。該寺的大活佛喇嘛桑，人稱「白瑪東寶法王」！也是一位瑜伽士，是身價億萬的大富豪，在歐美很受歡迎，信徒百萬；有妻子兒女，三個兒子均被認證爲活佛，並豢養一群年輕貌美的藏族小尼姑，供自己雙修淫樂！並且每過幾年要換一批新的！白瑪東寶法王已經七十多歲了！……同時豢養的小尼姑就有二十幾人，法王經常同時招五、六個尼姑女子同時進行淫樂！美其名曰『雙修』！三年前我認識的那幫尼姑早就換了，換成了十五、六歲的女童（不知她們有沒有被強姦至死的可憐女童？因爲在其它的寧瑪寺廟因『雙修』至死的女童屢見不鮮！），可憐她們慘遭蹂躪卻以此爲榮耀！其家人也覺得榮耀無比，見人就炫耀！

白瑪東寶法王——喇嘛桑，以法術厲害著稱，前幾年就因爲與一位活佛爭鬥不和，使用法術，使那位可憐的活佛重病纏身，幾乎一命嗚呼！後來就再也沒有活佛喇嘛敢找他挑釁了！自此他法術厲害的美名就傳開了，藏民紛紛朝拜、學習法術咒術！龍恩寺的徒子徒孫也競相效仿，紛紛展示其法術咒術的厲害，只要有藏民得罪了他們，這些白衣瑜伽士們就要施行咒詛，做法召請護法神懲罰！這些倒楣的藏民輕則患病、霉運當頭、諸事不利；重則一命嗚呼、家破人亡、橫禍災殃不絕！你們可以到那兒跟老藏民打聽打聽就都知道了！省得你們說我胡說、毀佛謗法！我們可愛的西藏喇嘛教眞是精英輩出、英雄無敵呀！佛法傳到這個份上，我看也就別傳了，直接把『佛教』改稱『魔教』算了！眞是讓人心寒啊！我們漢族人還要前仆後繼、人山人海的去拜！生怕掉不進地獄裏！生怕下地獄沒他的份！大家是爭先恐後的排隊下地獄呀！……

前一段時間剛想在網上罵他，結果去龍恩寺的網站一看，發現白瑪東寶法王他死了！眞是天網恢恢、疏而不漏啊！天道眞是公平！末法時代的因果報應眞是快啊！他剛邪淫、惡咒術咒詛、壞法了幾年，他就被天誅滅了！眾位居士當警醒，以此爲戒，遠離邪教，常駐正法！以免落的如此下場！

（〈姦淫幼女的邪淫活佛——白瑪東寶法王終於死亡了！〉，http://forum.book.sina.com.cn/thread-1196611-1-1.html）

當然，藏傳佛教內部的權力鬥爭也是很激烈的，且看《清代四大活佛》怎麼說：

受清朝冊封後，四大活佛都具有很高的社會地位，很大的政治、經濟特權，對蒙藏地區的政治情勢，有著舉足輕重的影響。蒙藏上層僧俗分子為了鞏固和擴展自己的權勢，往往操縱活佛的轉世，以便掌握而利用之。活佛轉世問題的幕後，是一場殘酷的權力之爭。為此，明爭暗鬥，波瀾迭生，甚至大殺出手。（頁141）

但是，「金本巴（瓶）掣籤」制度，並不能禁止圍繞四大活佛轉世靈童問題而展開的殘酷政治鬥爭。特別到了清朝後期，對西藏地方的統治日漸鬆弛，西藏上層僧俗分子圍繞這個問題，更是展開了流血的激鬥。九世達賴活了十一歲，十世達賴活了二十二歲，十一世達賴活了十八歲，十二世達賴活了二十歲，都是在血氣方剛、生命力旺盛的年齡，暴亡於布達拉宮的；他們和六世達賴一樣，都成了政治角逐場上的犧牲品；因為操縱實權的西藏上層僧俗集團，不願意他們親政後剝奪自己的權力，只好讓他們在親政以前就「轉世」了。對此，清政府是心中有數的，所以，每遇達賴喇嘛暴亡，都命令駐藏大臣驗屍，並對布達拉宮搜查一番，將達賴的近侍收監審訊。但是，其結果不過是駐藏大臣乘機發一筆大財，暴亡的達賴，只能到閻王殿去喊冤。（頁 156）

（張羽新著，《清代四大活佛》，雲龍出版社，1991/06/15）

上等活佛[2]如此，一般的喇嘛就更難看了：

---

2 活佛在西藏、蒙古等地極受尊敬，被稱爲活菩薩。但活佛仍然是被佛化了的人，其目的主要是通過對某些佛教首領進行神秘化，使信徒們認爲他們高深莫測，藉以提高和加強其宗教和政治地位。從元朝開始有「活佛」名號，隨著佛教的發展，到解放前，整個蒙藏區域大大小小各個等級活佛已以千計，形成了一個金字塔形的活佛等級。……在金字塔的頂部是一等活佛，主要是西藏的達賴和班禪世系，外蒙的哲布尊丹巴世系和內蒙的章嘉世系一般也被歸入這一層次。僅低於這個層次的是格魯派（黃教）六大寺的池巴（即寺主），……主要是甘丹寺池巴、塔爾寺阿嘉活佛、拉卜楞寺嘉木樣活佛。但由於在黃教興起前，薩迦派（花教）、噶舉派（白教）由於中央政府的支持，其宗教首領也都具有極高的政教地位，而寧瑪派（紅教）由於其悠久的歷史，這幾個派別的首領也被歸於這一類。再往下就是舊西藏具有出任攝政資格的四大林的呼圖克圖，以及滿清統治期間的幾大駐京呼圖克圖和內外蒙地區幾個大寺廟的寺主。

那裡喇嘛的私生活非常的壞。在那邊差不多家裡有三個兒子的，一定要送一個去做喇嘛；而那裡的婦女，認爲和喇嘛發生了性的關係，是最光榮，同時也可以贖去一切罪惡的。所以，那些喇嘛，差不多都染有梅毒。

〈蔣經國自述——新的青海〉，http://www.epochtimes.com/b5/8/9/5/n2253573.htm）

人事物的「神話」，常由於無知的想像或情感投射，若能逆溯其源始，或可破除其迷思；「活佛」的超然地位，固然是藏傳佛教(喇嘛教)主事者長期宣揚（洗腦）的結果，老百姓無所選擇；然而，隨著時代的進展，民智漸開，有可能淡化其神聖性；或換個角度，從現實上看「活佛」能給什麼實質的利益？這就得拿出眞本事了！

古人所說：「人不能成爲家鄉的英雄」，在西方與漢地普遍被神話、被崇拜的「活佛」，在現代的藏地是否仍然崇高莊嚴、光鮮亮麗？且看這

（〈藏傳佛教中的大活佛〉，http://blog.sina.com.cn/s/blog_4a875f470100e1vj.html）

篇報導：

藏民對待所謂活佛的態度，讓我覺得和漢地的人對所謂的活佛，簡直是天壤之別。藏民特別喜歡要活佛去打卦，小到東西丟了，大到結婚、問病；把一部分的漢人心裡的佛菩薩們直接當成神漢搞（本來喇嘛就是神漢；只是在漢地就成了一部分人心中無所不能的佛菩薩了）；如果喇嘛們碰巧打卦打中了，他們也不會像漢人那樣高興得稱喇嘛們『眞是法力無邊，眞是大成就者』等等。藏民會認爲是天經地義的，你必須就要準確！就是正確了，藏民們也不會像漢人那樣，動不動就是成千上萬的供養，往往就是幾十塊錢就打發了；如果條件稍微差點的，就是一杯酥油就打發了。喇嘛打卦不準也是經常的，要是發生在內地，被洗腦的人往往是認爲自己的業力大，才導致的；借他們十萬個膽子，也不敢懷疑喇嘛。可要是發生在藏民身上，他們不但會從此不相信這個喇嘛了，還會告訴自己身邊的親朋好友，也要他們不要去相信他；甭管給他們打卦的喇嘛的名氣有多大，不靈就是沒有本事！……

藏民的富裕程度要我吃驚，更吃驚的是不要看他們這樣富裕，給喇嘛們出手根本不大方，甚至可以用小氣來形容；就拿我住的那家來說吧，就拿了一百塊錢打發給他打卦的喇嘛。我問他為什麼不多給點？他說如果給多了會增長他們的貪心。……在西藏，藏民根本沒有人會像漢地這樣傻和出手大方，西藏的錢根本沒有內地的好撈才來的。……被洗腦的喇嘛弟子也該清醒了。

（婆羅門女：〈藏民是這樣看待所謂的活佛的〉，http://bskk.com/viewthread.php?tid=11996&extra=page%3D1）

乙、四歸依——上師崇拜

從上可知，藏傳佛教不是佛教；而藏傳佛教(喇嘛教)所標榜、高推的活佛、喇嘛，是以「雙身法」為修行而受人供養、淫人妻女的罪惡凡夫，真不曉得這種人有什麼可信賴的？而藏傳佛教的法義卻忝不知恥的將這些「上師」與佛教賢聖「三寶」並列，要求信徒們「四歸依」；乃至於將上師排在第一位，代表或代替三寶，成了「一歸依」[3]！這是政治的唯朕（一人）獨裁與宗教的唯我（一神）獨尊；兩種專制集權的結合，是人類歷史中常出現，而被知識分子與民主社會所唾棄的「政教合一」體制，然而，文

3 眾所周知，在藏傳佛教中，特別看重上師。藏傳佛教徒在念誦皈依佛、皈依法、皈依僧的前面，都要加誦『皈依上師』。但這並非是說藏傳佛教有四皈依，而是說上師是佛法僧三寶的具體體現，是抽象三寶的總聚體，是現實三寶的代表。……無論是阿底峽尊者的《菩提道燈論》還是宗喀巴的《菩提道次第廣論》，都把親近、依止上師法作爲開篇首要之法。在金剛乘密法中，上師的地位尤爲突出，因爲密法認爲，上師是加持的源頭，是成就的根本。（喜饒嘉措：〈正確認識藏傳佛教『上師法』〉，2007/7/19，http://xy.tibetcul.com/rd/zw/200707/5968.html）

在佛法將於印度銷聲匿跡之前，高僧大德爲了救度當時的外道，令其能信佛後再導正其『知見』，容許其加入無傷大雅而爲當地所流行的咒語，只要能因之淨化『身、口、意三業』即可，而形成『密教』。然而卻因之而不可收拾，改變了佛法的眞義，例如（1）『歸依三寶』變成『歸依四寶』，而歸依『上師』凌駕於『佛寶』『法寶』，變成要『依人』而可以『不依法（法寶）』之謬誤；（2）強調『灌頂』可以增加道行，可以得神通、開天眼，與佛陀『眾生自性自度，佛不能度』教義有違，變成可依『語（上師之個人語言）』而不必依『義（佛陀的教義）』；（3）甚至於有些密教倡導『男女雙修』，主張『男女二根是道場』，鼓勵男女以『交合二根之性行爲』來修道證果，與佛法之『戒淫（在家眾戒邪淫）』爲四性罪之一有背，其能否證果，不言可喻。

明落後的西藏，從古至今就是維持這種形式，所謂西藏精神領袖「達賴喇嘛」就是現成的例子。

藏傳佛教的上師，被錯謬、低俗的雙身法教義「神話」化了；這類邪說，從根本上違背佛法，將導致「依人不依法」、「依識不依智」、「依凡夫不依聖者」、「依俗義不依了義」，乃至於在實修上造成「破戒」、「滅法」、「謗佛」的結果！因此，許多有識者從不同角度提出質疑、批判，多少能警醒信眾的迷信，拆穿藏傳佛教的騙局：

佛法是皈依佛法僧三寶，已經包括了『僧』；而喇嘛教另外加上一個皈依上師，也就是說，他們自己就認為自己不是『僧寶』。如果認為上師是僧寶，則不必另外皈依上師；既然在僧寶之外還需要皈依上師，那也就是說，上師不是僧寶。如此簡單的理證關係，被洗腦的喇嘛教教徒充耳不聞，充眼不見，充腦不思。假定四皈依成立，則上師決定不是僧寶；假定說上師是僧寶，則直接對四皈依構成破斥。四皈依立，則『上師是僧寶』破；『上師是僧寶』立，則『四皈依』破。請認為『上師是僧寶』邪見者回答：你們的喇嘛上師，到底是僧寶？不是僧寶？這不等於是自己打自己嘴巴嗎？或者是打你上師的嘴巴嗎？

最高指導原則：依法不依人。看過很多人維護喇嘛教的言語不外乎是依人不依法。不然就用「說僧過惡」等話來掩飾搪塞，根本不敢正視佛陀經教。數千年前佛也預料末法時期，邪魔外道熾盛，所以特立下這四種清淨明誨，來揭發邪說，使修道者不被所愚。所以大家要特別注意，這四種清淨明誨，是修道的箴規！

結論：喇嘛教連基本的名相之義都與世尊的說法一點也無關係，只是盜用佛教名相的附佛外道罷了！喇嘛教的諸位正在受害的弟子們，你們有能力回答一樓的問題嗎？如果回答不了，情有可原，但請將問題轉呈你們的上師，或者你們喇嘛教的代表人物回答。

（〈「藏密上師」決定不是僧寶，「四皈依」邪見，不打自招〉，2008/07/02，http://blog.sina.com.cn/s/blog_52136dd201009xk3.htm）

此文抛出的問題，藏傳佛教信徒與上師都不曾正面答覆，卻有網友呼應而仿擬代答，雖出語不莊，或許部分說中了藏傳佛教高層的迂迴心機，也有可參考之處：

問：你們的喇嘛上師，到底是僧寶？不是僧寶？

（代答）：

1、上師如佛，不只是僧寶

2、是僧，不是寶——是俗，不是僧

3、這題目，是陷阱，不回答！

4、究竟是什麼？我們說了算！要你管？

5、就是有人信咱這一套，而且市場越來越大！

6、目前，咱們基業未穩，借『佛教』的名義撐個場面，委屈求全（寄生求存）而已。

7、將來，咱們翅膀硬了、名號響了，就獨立門户，自創品牌，誰在乎『佛教』三寶？

8、那時候，咱『香巴拉』大軍收服（驅使）了歐美各國的信徒，發動第四次世界大戰，統一全球！你們佛教徒若沒本事入涅槃或往生其他佛土，就唯有屈服改宗，只許『一皈依』，跟著磕頭山呼：『上師』萬歲！『喇嘛』至尊！獨一無二！三界橫行！

9、怎樣？瞭了嗎？中國人不是說：「笑罵由他笑罵，好官我自為之！」又道是：「由你說得花如錦，奴家只是不作聲！」咱只要沉得住氣，一貫的厚顏無恥、蠶食鯨吞，佛教在地球上的地盤終必是咱的，媳婦熬成婆，你們哪，將來還須看咱臉色啵！

10、所以說，『四皈依』其實是『一皈依』，一實、三虛，你們懂嗎？這才是咱「密教」之『秘密』。最後的底牌是：『開權顯實、會三歸一』！（你們心裏想：『看！又在濫用佛法名相、欺騙無知信眾了』！沒錯，不用白不用！）你們佛教就是太正直、太老實了！「君子可欺之以方」，以至於不懂咱的迂迴曲折，陽奉陰違！

（歸本際，http://www.mxzjnet.org/bbs/viewthread.php?tid=1520&extra=page%3D2）

其實，稍有佛學常識的人，都明白「四歸依」的謬誤，而寧可回歸佛教，崇信正法的三寶；進而拒絕「四歸依」的污染。且看這個實例，值得為他喝采、讚歎：

我去九華山的時候，住在「祈園寺」裏的客房，因為條件可以，還便宜……。在我登記的時候，我出示了身分證和皈依證，順利的辦理好了住宿手續。在我剛準備離開，我後面的人和登記的師父吵架了，師父講：『你的是四皈依證，我們不接待，你到其他地方住吧。』那人跳起來叫：『我是學密宗的，密宗就是喇嘛教，知道不？』師父平靜的講：『我這裏不分宗派，只按照釋迦牟尼佛的教導，佛只講過三皈依，沒有四皈依，你走吧。』哪個人又和師父爭論起來講：『你們的大乘和我們的金剛乘比，只是低級的。』師父講：『大藏裏根本沒有金剛乘，並且萬法平等，沒有高下之分。』那個人又叫道：『你貶低密宗，會墮金剛地獄。』師父講：『佛經裏根本沒有此說，不要亂嚇人；倒是你信奉外道，違背釋迦牟尼佛的教導，可惜了人身。』最後那個人氣沖沖的走了。

我問師父：『為什麼不接待四皈依的？』師父講：『真正的外道不可怕，可怕的是附佛外道，就好像是食物裏藏著毒藥；現在是末法時代，我們九華山雖然不能扭轉，但是在這裏，幾個大寺院根據經典對喇嘛教達成認識：喇嘛教肯定不是佛法，喇嘛不是眞正的出家人。在這個時代妖魔橫行，只有依據經典學習，聽從釋迦牟尼佛的教導，才是最安全的。』

在九華山期間，我還在肉身殿見到，有好幾個人在那裏重新受了三歸依，有人還爲過去走過的彎路流下悔恨的眼淚。師父安慰他們：『只要能夠接受正法，聽聞正法，就是眞正的有福之人。』師父們講：『在末法時代，《楞嚴經》是照妖鏡，有《楞嚴經》就有正法，大家多讀，讓正法永住。』

（〈我在九華山朝拜遇到的事情〉，婆羅門女，

http://www.mxzjnet.org/bbs/viewthread.php?tid=1448）

九華山的師父們眞是正信佛教徒，知見正確而不受威脅；既有堅持，又能破斥，讓附佛外道的喇嘛教徒無所遁形，這是學佛人護持正法、救度眾生所必備的風骨！反過來說，也要如此認定，甚至大聲疾呼：「歸依藏傳佛教者，都不是眞正的三寶弟子！」

藏密者所受的，皆非可說小乘戒、也非大乘戒，而是**自設戒：三昧耶戒**。而且最上瑜伽說明必須實修男女雙修，甚至說明必須每日多少時間公開於佛前行淫；這樣以欲界的淫，作爲出家在家眾的戒律，將戒律的遮止，止過防非，變成了要努力實踐淫欲行；而且師徒之中，乃至六親眷屬，皆可行淫，這樣的倫常何在？這樣世間法的軌範何持？乃至幼童皆可指染，請問藏密行者此中淫欲之中，從何稱之爲「上法」？出家本爲小乘離欲法，今日若要實施大乘法教，也不壞世法，以爲度世之方便；然而藏密公開制戒，皆不察「戒」爲何事，也不察「大乘戒」爲何事，只是用「私戒」來恐嚇、恫嚇一般不了此中義理的學人。

乃至有許多愚人自己幻想：我的「上師」可以和我共淫，這是我的「榮耀」，可以得到上師的「加持」。因此以爲共淫中有加持。然而淫欲就是淫欲，即使是其中的樂趣，也是淫欲情境之樂，非是修道之樂；以漢地本受儒家熏陶，即使道家有採補之方，尚且不受正士青睞，何況今日於此說大乘佛法！所以邪見的本身，墮者不明是非，不知道古來一切高僧大德，修行戒律嚴謹，沒有像是藏密整天忙著和弟子一起合修淫欲；因爲淫欲不必修，淫欲是欲界眾生的「本能」，以受熏種子瀑流不斷，不勞藏密外道介紹如何淫欲才是修行，如何於欲念中更起一分頭上安頭的妄想，以爲觀空；……

因此藏密愚人於淫欲中，受的就是「樂受」，如果自己以爲這樣「行蘊」還是變異，這樣還是「苦受」，哪有什麼不苦不樂受可說；本就是在自我的幻象諸法中沉溺不得而出！淫欲中的法不是修行，所以創造「淫欲觀」的是這些藏密外道的「祖師」「菩薩」；其實這些人爲了自抬身價，還要說自己是蓮花出生，眞的是不曉得這些人知不知道什麼叫作「蓮花」？（從蓮花化生）出者非肉質，不受胞胎，本不受粗重欲樂；即使是天人化生，都尚且不受如此人間之粗重，何況諸眾更於蓮花中出者！所以口口聲聲說知曉「佛法」在說什麼，可是竟然大膽公開倡導佛前行淫，並且提倡佛前「輪座」集體師徒共同行淫「法會」；這樣於集體性交之時，有何師道可說，只有輪流與在法會的眾邪淫者共同交淫，所以稱之爲「輪」淫邪法；

這是藏密一舉將淫欲公開成「上師」「弟子」毫不保留的集體下惡道的佛前見證「法會」，這些人誤解了修行的意思。

因此世間人因爲惡業熏習，所以才會和藏密聯到一塊；對於顯教來說，本沒有此淫欲法；然因藏密所沿襲的是印度（譚崔化的）佛教末期的雙修法，而佛教本無此法，此皆是印度其文明的特色，其於此印度之創造神，都是安設男女；有者說女者爲男者所出生、所化，因此當後起的佛法受到這樣的熏染的時候，便有些本不應淫欲的出家人便受到誘惑，轉而修持外道的雙修法，造成了當時寺院紊亂的男女關係；其中又有政治勢力的介入鼓勵，因此藏密這群人去取經的時候，並沒有像是聖 玄奘大師將佛法的大乘心要帶回中土，他們帶回了「完整」的淫欲方法，修「淫欲」的方法，制定「淫欲」戒律的方法，推廣「淫欲」的手段，所以藏密和「淫欲法」是脫離不了關係的。

（〈皈依藏密者，非眞正三寶弟子〉，
http://www.bskk.com/viewthread.php?tid=179102&extra=page%3D1）

丙、荒謬的邏輯——邪淫有理

上一篇從戒律、教理、歷史各方面證明：藏傳佛教是「原始、低級、邪淫」的宗教，根本上與佛教無關；甚至是反其道而行，謗佛破法的外道！一般人要能分辨，免得受騙；學佛人更須認清其本質、揭發其陰謀，將它的秘密（眞相）昭告天下，以救護大眾。現代人是文明而善良的，不該受這種「低等騙術」的侮辱與傷害。

藏傳佛教的喇嘛、仁波切們，從小有計劃的受訓培養，在世俗的「知識」與「口才」上確有其煽動人情、迷惑人智的魅力，外表看來體面而尊嚴，開口說法也似乎深不可測；但，正常人若多一些理性與觀察，就能發現他們的裡子是「邏輯」不通、「德性」不修，卻有一套自創、荒謬，被性慾所扭曲的「思惟」方式；或者說，他們從來不用「大腦」思惟，而是順從本能，獨尊「陽具」，一切行爲「發乎欲，止乎淫」，從頭頂到腳底，貪著於性慾之樂；從日出到日落，用心於邪淫之思；將身口意「三密」的修行，全都匯歸於性器官；也就是世俗語所說的「用陽具思考」，「精子充腦」。這樣的教義與行持，甚至沒辦法在（凡夫）意識上作微細的思惟與邏輯思考，更何況（佛教）離心意識的參禪與證悟？所以他們自誇的無上瑜伽或即身成佛，根本就是慾令智昏、鬼迷心竅的魔說！且看這一篇分析：

藏密的喇嘛們，有的總愛引經據典，曲解佛義的爲他們的密宗找依據；或者運用循環辯證的思維模式，先用結論來證明自己的論點（倒因爲果）；這個就稱爲詭辯（Sophism），也就是「擬似演繹」；只要你一旦相信他的結論，就會被誤導去認同他的前提。很多前提、假設，都是藏密喇嘛們自己捏造出來的。好比：達賴喇嘛曾說過：『有空性的智慧者，才可以雙修』，但是爲什麼要『雙修』呢？因爲透過『雙修』，可以在『性高潮』中，得到大樂，進而『證悟空性』……；又曾說過：『必須要有空性的智慧，才可以雙修』……那到底『雙修』和『證悟空性』哪一個是手段（因）和目的（果）？如果思維不清晰的人，會被這種似是而非的論調所懾服、迷惑而被唬住，進而認同他的觀點及謬論：以下就是喇嘛教常愛用的循環辯證邏輯：

『雙修』→『性高潮』→大樂→『證悟空性』→『雙修』

看了以上的辯證方式後，你會認爲喇嘛教是自圓其說，還是眞有其事？被這些詭辯懾服的人，往往以爲要具備莫大的『大修爲者』或『八地菩薩』資格，才可以雙修。

那不具備的人呢？是不是就不可以修？先看看以下，喇嘛教又怎麼自圓其說，來誤導眾生：爲什麼達賴喇嘛們常常喜歡有這類論調：『要透過雙修，才能即身成佛，此爲唯一手段』（引自于宗喀巴的《密宗道次第廣論》中三　灌頂後法）

到底哪個是因？哪個是果？還是互爲因果？那你說說看：『是先有雞呢？還是先有蛋？』如果說要『證悟空性』，男女雙修的邪淫魔法並不是唯一成佛的方法，那藏密提出來的原因和目的，大家曾仔細研究過嗎？

又好比這個例子：西藏活佛可以轉世，達賴喇嘛是西藏活佛，進而得到推論→達賴喇嘛可以轉世。可是很少有人會去探究爲甚麼會有這個轉世制度存在？……

《關於雙身法，常看到喇嘛們用的基本類比推論》

現在就用直言三段論及假言三段論方法，欣賞喇嘛們常用的藏密邏輯辯證思維模式來替他們的『無上瑜珈』來做辯解：

大前提	A1	獅子可以跳的地方，兔子不要跟著跳。（密宗釋疑）
	A2	你可以定力看蘋果樹，能使樹上的蘋果掉下來，又能夠再以定力使蘋果回到原來的樹枝上，才可以雙修。（達賴喇嘛答覆大航法師）
	A3	有空性的智慧者才可以雙修。（達賴喇嘛答覆大航法師）
	A4	有很強的毅力（就是絕對不流一滴精液的這種毅力）者可以雙修。（達賴喇嘛答覆大航法師）
	A5	修氣脈明點者能證悟空性。
小前提	B1	所有西藏喇嘛（西藏的國旗是獅子旗）都是獅子（或不是兔子）。
	B2	西藏活佛有很高的定力，可以讓蘋果從蘋果樹掉下來，又能夠再以定力使蘋果回到原來的樹枝上。
	B3	在性高潮中能引大樂而能證悟空性。
	B4	只要會氣功（譬如九九神功或可以控制住不射精），就可以不流一滴精液。
	B5	喇嘛 XXX 仁波切們都可以修氣脈明點。（試著把喇嘛改成藏密弟子（或人人），看會得出什麼結論）
結論	C1	所以西藏喇嘛都可以跳兔子不能跳的地方（亦即獅子可以跳的地方）。
	C2	西藏活佛可以雙修。
	C3	因爲有性高潮能引大樂，所以可以雙修。
	C4	因爲喇嘛們會氣功（或可以控制住不射精），所以可以雙修。（縱使在小便時，精液又隨著尿液，排出體外，也不違背。→自欺欺人）
	C5	喇嘛 XXX 仁波切們可以證悟空性。

推論	A6 有空性的智慧者才可以雙修。(承A3)
	B6 喇嘛XXX仁波切們可以證悟空性。(承C5)
	C6 ∴(編按：所以)喇嘛XXX仁波切們可以雙修。
	A7 達賴喇嘛是觀世音菩薩化身，所以是活佛。
	B7 承(B2)
	C7 ∴(所以)達賴喇嘛可以雙修。
	A8 凡是已經是證悟空性的人都可以雙修。(承A3)
	B8 八地菩薩已經證悟空性。
	C8 ∴(所以)八地菩薩可以雙修(喇嘛們最愛使用的遁詞)
	A9 不是八地菩薩者不可以雙修。
	B9 是凡人者必不是八地菩薩。
	C9 ∴(所以)凡人不可以雙修
	A10 佛母、明妃皆是凡人，可以(跟活佛)雙修。
	B10 凡間女子長得出色亮麗的，會成爲佛母、明妃。
	C10 ∴(所以)凡間女子長得出色亮麗的，皆可以(跟活佛)雙修。
	A11 不是八地菩薩者不可以雙修。
	B11 佛母、明妃是凡人必不是八地菩薩。
	C11 ∴(所以)佛母、明妃不可以(跟活佛)雙修。

(〈喇嘛教的邏輯—循環辯證思維模式〉，

http://blog.xuite.net/jackie.xie/bluelove/22127857)

不熟悉「邏輯」、不耐煩「推理」的人，或許懶於讀這樣的文章；然而，如作者所說：「雖然這只是邏輯／推理遊戲，但是用**詭論**方式騙吃騙喝的人，常用的得心應手、耍得不亦樂乎！」別人用這種方式耍你，你若習慣於心智懈怠、不肯多想（再思、三思），就可能被他們的言語／表情所騙，而忽略了他們所說的其實是「自相矛盾」、「狗屁不通」！因此，爲了個人的身家性命，也爲了親友的安全幸福，何妨多看一眼、多想一下呢？或者，換個角度，從事相上也可看出藏傳佛教表裡不一、事理不合的矛盾，也就是「道理」唬人而「事實」沒有！這樣的宗教與喇嘛，你還相信嗎？

且聽他們怎麼說，但是……

1．說『上師和弟子要互相觀察，否則同下地獄』，①但藏密的上師們來『弘法』時，從不觀察、也不明說（密乘戒、甘露丸），上來就灌頂；②恐嚇弟子時就不說『上師下地獄』而只說『弟子下地獄』。

2．說『先顯後密』（**先學顯教十二年，然後修四加行，一般約三**

年，**然後才能修本尊儀軌**），但都幾乎不學習大乘經典，只學習上師教言、『論典』（五部大論），而後只有少數人能夠學習到續部。密教所說的『學習顯教』是指—五部大論、密教祖師論典，而非『佛說』大乘經典。

3.關於『誅法』：根據藏密戒律：修行密法有成就者，對於誹謗密法者，應該以『誅法』誅殺，否則違戒。可諸多破斥藏密者經年累月地批判藏密，也不見密教的『大成就者』使用（不會引起法律上的麻煩的）『誅法』將其誅殺。如果說『藏密的大成就者們慈悲，因而沒使用誅法』，這也違背密教理論。『破斥藏密者』確實使未歸依藏密者不敢修學藏密，根據藏密理論：『密法是最高的佛法，能夠使無量眾生解脫、成佛』，『誹謗密法者使眾生不能得到密法的巨大利益，罪過極大（下金剛地獄）』。爲了『利益眾生』，密教那麼多大成就者、佛菩薩的化身，也應該使用誅法。一七八八年七月和一七九一年七月，廓爾喀對西藏地方的兩次入侵，清廷所派福康安大軍反擊勝利……。近代，英國入侵西藏……達賴以及眾喇嘛都沒有通過『威力無邊』的『誅法』、『護法』降伏……

4．關於『香巴拉』國王降臨世界，由喇嘛教統一世界的事情。當年元朝信奉藏密，尊藏密喇嘛為『帝師』。元朝打下了整個歐亞大陸，卻很短時間就滅亡了。根據藏密的理論：密教能利益眾生、使眾生解脫。密教的那麼多喇嘛，個個是佛，一切行動都是為了利益眾生，加持力無邊。如果元朝不滅亡，作為國教的喇嘛教，早就被強制地（強制：你不得不信、不得不服）推廣到全世界了。可他們怎麼就不加持讓元朝不要滅亡呢？按照他們的理論能夠極大地利益眾生的事，他們為什麼不做呢？

5．藏密的喇嘛都號稱是佛，可這些『佛』竟然為了爭奪權力不惜對自己人（同為密教的道友）發動戰爭。達賴喇嘛取得政權就是依靠蒙古軍隊。近代達賴喇嘛又與諾拉活佛開戰。

6．藏密號稱其『佛法』殊勝無比，比如其『財神法』（有很多很多）。可藏民卻貧困不堪。根據佛教理論：『供養』是『獲得財富』的『因』。藏民對喇嘛和喇嘛教的供養可絕對不少啊！根據喇嘛教理論：喇嘛的加持力無比強大，喇嘛教的修法（財神法）無比殊勝……

7. 根據藏密『上師』的理論：密宗修持最關鍵的就是上師，上師就是根本。眞正的上師就是佛，能夠使弟子得到解脱和成就，乃至即身成佛。現在是末法期間，有許多假上師。如果依止此等邪師，師徒都會墮往金剛地獄。那麼，『慈悲爲懷的、以利益眾生爲己任的』密宗大成就者們，爲何不大力打擊假上師、假活佛？

8. **『上師』到底是不是『佛』？**爲什麼藏密的論典、開示裏，有時説上師是佛（乃至比佛更重要、更殊勝），有時又説上師不是佛（是凡夫或菩薩）？請問：**『上師』到底是不是『佛』？**是不是：上師們都已經成佛了，但上師們成的佛是『未來佛』？密宗所謂『即身成佛』是——即身成未來佛？如果是這樣，那我不如去學『淨土宗』了。淨土宗念『阿彌陀佛』也是『即身成佛』，……同樣都是『即身成未來佛』：⑴淨土宗（包括禪、律等大乘宗派）沒有『墮金剛地獄』的危險，而密宗卻很容易『墮金剛地獄』——對上師沒有絕對的信心就是『邪見』，說上師不對、不好就是『誹謗』，很容易犯。⑵淨土宗不要弟子花大錢供養，密宗要弟子花大錢供養。⑶淨土宗不要求弟子『以妻子、女兒』作供養，密宗要求弟子『以妻子、女兒』作供養。⑷修學淨土宗，如果感覺師父不好、不理想，可以捨棄此師父；而密宗絕不允許『捨棄上師』。⑸等等、等等……

9．十世班禪的死：死於爲前九世班禪『安神』，很年輕。『十世班禪』既然是『前九世班禪』的『轉世』，又何須『安神』？

10．藏密理論：密法比佛更殊勝。賢劫千佛只有三位佛（第四世、第十世、最後世）有密法。然而諾那活佛著的《蓮花生大師傳》中有很多佛世都有密法。

（〈藏密事、理矛盾的地方〉，http://www.mxzjnet.org/bbs/redirect.php?tid=1226&goto=lastpost）

藏傳佛教的事與理，說來說去全不通，倒像是白癡說夢話；可很多人就這樣被唬得暈頭轉向，迷糊中信受了、歸依了，然後像吃嗎啡似的，越來越上癮，難以自拔；最後，大筆「錢財」供養了，妻女「身體」也奉獻了，卻只加深了狐疑而沒什麼受用與長進，對佛法依舊完全不懂；不僅成不了佛，還多造了惡業，可憐啊！其實你只要保留一分正常人的謹慎，多觀察、多對照，不急於上鉤；過個一年半載，喇嘛們的耐性就沒了，他的破綻就爆了，那時候，很自然的相看兩厭，各奔東西；他沒得逞，你沒損失，不是很好嗎？所以說：「色不迷人，人自迷」，你不買帳，他沒戲唱，一場惡緣就此中止了，誰也不欠誰，來世免糾纏。

爲了加重各位的印象、增強免疫力，下面再轉貼一件事例與評論，並引述達賴喇嘛的說詞，證明「藏傳佛教」的淫行與妄語是有教理根據，且善於欺騙的：

前些日子密宗所謂的『活佛』——貝瑪千貝仁波切，因爲與女喇嘛在其精舍通姦當場被（其夫）抓之後，鬧得社會輿論沸沸揚揚。

對於此一事件，達賴喇嘛基金會秘書長索朗多吉表示，若查證屬實，犯下姦淫色戒的活佛和比丘尼將不能再穿上袈裟，至於破戒的活佛還會受到什麼懲罰，則由當初替他認證的寺廟決定。索朗多吉又強調，部分宗教人士利用「雙修」名義發生性行爲，「嚴格來說，藏傳佛教不管什麼教派，**出家人都不能做出姦淫之事**。」但他這種說法卻又與密宗精神領袖達賴喇嘛的開示大相逕庭：

《迎向和平》（頁 93）達賴喇嘛說：『因此，根本心的修行方式是根據：（一）新譯派所講的「密集金剛密續」；（二）時輪空相法等等；（三）寧瑪派的大圓滿法。根據新譯派，修秘密眞言到某種程度時，修者修特殊法，如利用性伴侶、打獵等等……』

《西藏佛教的修行道》第 56-57 頁，達賴如此開示：『在無上瑜伽續中，即使是第一步的接受灌頂，都必在男性和女性佛交抱的面前成辦。五方佛必須有明妃陪伴。……此外，密續提到在圓滿次第的修行過程中，行者在到達某一境界時，就要尋找一位異性同修，作爲進一步證道的衝力。在這些男女交合的情況中，如果有一方的證悟較高，就能夠促成雙方同時解脫或證果。』索朗多吉說**出家人不能做出姦淫之事**，而達賴卻是以『出家相』公然宣揚『男女交合』！兩造的說法有如此大的衝突矛盾，那到底應該相信誰的說法？又達賴這種把『男女交合』當作是佛法來修行，等於是爲密宗的喇嘛們做了背書，可預見的是，未來密宗的性醜聞事件仍將會不斷的出現！……密宗的雙身法即是 佛所破斥的「非梵行自言梵行」！因爲密宗一向自詡其雙身法能讓人快速的成就佛道，但如果雙身法眞的能使人即身成佛，達賴喇嘛轉世至今十四世了，他成佛了嗎？而達賴喇嘛基金會秘書長索朗多吉又辯解，說**出家人不可作雙修**！然而奇怪的是，如果是可以使人快速成佛的方便法，爲何密宗的出家喇嘛卻又不能修？豈不是自我掌嘴嗎？其實說穿了，雙身法根本就是藏密的核心教義，索朗多吉的說法只是欲蓋彌彰的飾詞罷了。奉勸大眾，爾後如果有機會接受宗教信仰的話，千萬別去碰觸藏密的道場，因爲太不可靠了。

（〈自相矛盾的藏密雙身法〉，http://blog.udn.com/a1226902345/1779711?f_ORDER_BY=DESC&pno=2& 2010/09/17）

西藏的喇嘛中，多的是一些利用簡單粗糙的佛法知識，配合種種手段推廣喇嘛教的人。最近接觸西北的一位居士，他接觸的西藏密宗的喇嘛很多，在談到這些喇嘛侵蝕顯教正法的手段時，他臉上的顏色都變了，語氣極爲憤慨，對這些喇嘛欺騙善良的漢地佛子的手段，他概括爲：

1．以大妄語欺騙顯教的佛子。

密宗的上師動輒就是幾地菩薩，某某活佛轉世，誰誰已經即身成佛，比如密宗的上師大妄語說：晉美彭措是釋迦牟尼佛的姨母轉世，達賴是觀音菩薩轉世……經晉美彭措傳授大圓滿的弟子中，有不少成就虹身者、肉體縮小者及圓寂後出現續部所說的虹光、聲響等標誌，能得中陰成就解脫者。凡見過法王（晉美彭措）、聽聞其名號、心意念法王、生淨信者以及等待法王結緣的無數眾生，皆將被法王引生極樂世界。而事實上晉美彭措本人是病死在醫院裏的。能否往生極樂世界，全賴個人是否如法按照淨土經典修行；連極樂世界的教主阿彌陀佛都沒有說：聽聞其名號、生淨信者皆將被阿彌陀佛引生極樂世界。晉美彭措的本事比阿彌陀佛還大啊！密宗的上師之所以敢大妄語，都是因爲宗喀巴在《密宗道次第廣論》中說：經過密宗密灌頂的上師可以說大小一切妄語而沒有罪過。所以他們爲了推廣喇嘛教，無所不用其極，什麼妄語都敢說啊！

2·以『鬼通』迷惑恐嚇顯教的佛子。

聽這位居士講，在西北有的喇嘛，在和顯教的佛子閒聊中獲得該佛子的生辰八字、姓名、位址等資訊後，即對此佛子施以邪術，致使這個佛子身體出現不適；再教給該佛子一些咒語，當佛子念咒時，喇嘛停止邪術，佛子的身體好了，由此對此喇嘛深信不疑。手段之惡劣卑鄙，令人髮指！許多喇嘛把漢地的善良居士當成『自動取款機』，在漢地賺得大把的鈔票，回家後娶妻生子不令佛子知曉。密宗的上師所謂的『神通』，都是些『鬼通』，通過以酒肉、女人的經血、屎尿，甚至是死人肉等極度污穢的東西供養邪鬼邪神、惡鬼神；念邪咒，驅使他們爲上師服務害人，這就是密宗上師的『神通』，這就是密宗所謂的『誅法』。以上是這個居士所講的西藏密宗的上師推廣喇嘛教，爭奪佛教資源的主要手段。這些手段都是針對一些漢地顯教的佛子喜歡追求神通，喜歡有爲法，想走捷徑成佛而設計的；往往百試百靈，一般人很難察覺，所以和密宗的上師打交道，一定要小心！這個居士的忠告是：最好的辦法就是揭露他們！遠離他們！

（〈小心咒語巫術〉，2008/04/13，http://tw.myblog.yahoo.com/jw!tI1erqCGBgViwR6eq4f_UR0/article?mid=467

三、神話「達賴」：觀世音菩薩化身？

不知從何時開始，西藏有了這樣傳說：4

西藏人相信西藏是觀世音菩薩的教化之地，認爲西藏人是由觀世音幻化而成的猿猴與岩羅刹女繁衍的後代；觀世音菩薩是西藏永遠的守護神。而達賴喇嘛就被西藏人認爲是觀世音爲利益眾生（特

4 維基百科：根據《度母本源記》所載，觀世音菩薩見眾生難以救度，不禁左眼流下了一滴眼淚，化爲綠度母，右眼流下了一滴眼淚，則化爲白度母。綠度母與白度母均被視爲觀世音菩薩的化身。又根據阿底峽尊者發現的書《柱間史》，當中記載釋迦牟尼佛將雪域的眾生都交給觀世音菩薩教化；觀世音菩薩有一名獼猴弟子受了戒，在雪域西藏修行時，遇上一名作雌猴打扮的羅刹女子以自殺逼婚，結果在觀世音菩薩的祝福下成婚（還賜他五穀種子），是爲藏族人的祖先。西藏國王松贊干布亦被視爲觀世音菩薩的化身，傳說他一出生則有三十二種相好，頭上更有一尊阿彌陀佛像。他所迎娶的尼泊爾赤尊公主則被認爲是綠度母的化身，文成公主則爲白度母的化身。達賴喇嘛亦被視爲觀世音菩薩的化身。http://zh.wikipedia.org/wiki/觀世音菩薩

《柱間記》第二章：示現身形神變，http://wsfs.blog.hexun.com/25222380_d.htm。

別是爲西藏）而乘願來到人間的化身。

（〈西藏之頁—達賴喇嘛〉，http://www.xizang-zhiye.org/b5/hhdl/）

十三世達賴喇嘛返拉薩重掌西藏政教權力，即向全藏僧俗官民發布訓諭……，就這樣寫著：「我，由西天佛國印度的佛主賜予稱號、遍知一切佛法的達賴喇嘛，曉諭爾輩：我……觀世音菩薩的化身……關心西藏的幸福……」。

（毛德傳，〈普陀山、觀音與西藏〉，《香港佛教》520期，http://www.hkbuddhist.org/magazine/520/520_14.html）

西藏人似乎很崇拜各種「鬼神」，乃至於「佛菩薩」也被鬼神化而成爲另一種形象。而爲了在現實上直接受庇佑，最簡單的方式就是：讓佛菩薩化（附）身爲當代的政治領袖，不僅令其「政權」的取得，有了宗教的根源（君權神授）；且可保證其「行政」措施，出自佛菩薩的智慧與悲心，對人民是絕對正確而有利的。這種「政教合一」的觀念與制度，在近代西方早就被推翻了，而藏地至今仍被宣揚並深信，尤其當政者以權威的形式，公開向藏民宣稱、訓諭，迫使全體服從；久而久之，其「神話」性就成了不可動搖的信念與歷史。而格魯派掌權之後，達賴喇嘛就理所當然的接收了「觀世音菩薩化身」的傳說。然而，事實又如何？

達賴喇嘛的宗教地位，主要源自藏傳佛教認爲其是觀世音菩薩的化身。在佛教各大菩薩中，觀世音居首，信徒眾多，影響巨大。人們常誤以爲達賴喇嘛一直就是藏族政教合一的領袖，但事實上，總共十四世達賴喇嘛中，僅有不多幾位眞正管理過西藏事務。況且，歷世達賴喇嘛的地位均需由中央政府確立並支援。藏傳佛教最主要的幾個活佛轉世體系都是中央政府冊封的。被寺院認定但未經中央政府冊封的活佛並不具有合法性。歷史上，清朝乾隆皇帝就曾以『叛國罪』禁止噶瑪噶舉紅帽系活佛轉世，從而斷絕了該教派。

在過去半個世紀裏，十四世達賴喇嘛從一個地方性的宗教和政治首領，逐漸登上了世界舞臺。一九六七年，叛逃後的達賴喇嘛第一次離開印度，訪問了日本、泰國；一九七三年，他第一次訪問歐洲；一九七九年，也是新中國與美國建立外交關係的同一年，他首次造訪美國。

流亡生涯似乎反倒造就了他『明星』一般的地位。在他迄今獲得的104項國際獎項和名譽博士學位中，有103項是在他逃離中國後拿到的。與達賴喇嘛來往，一時成爲西方政治、社交、娛樂名流的熱門活動之一。

據説，這個『如法守戒的佛教比丘』每天凌晨三點半就起床，誦經冥想。但他似乎同樣熱衷於在俗世紅塵拋頭露面。……在周圍政治勢力以及各種特殊利益集團的影響下，臉上永遠掛著標誌性微笑的達賴喇嘛，將他宗教和政治的『兩張臉』頻繁交織、互爲補充。在五十年前做出逃離拉薩的政治決定前，他多次打卦問『神諭』，尋求宗教支援。達賴喇嘛發願『促進宗教之間的和睦相處』，但十多年來卻因教派内部矛盾，禁止信眾繼續信奉藏傳佛教大力金剛護法神多傑雄登。這又與俗世中的政治鬥爭何其相似。

（〈宗教領袖抑或政治明星〉，http://big5.cri.cn/gate/big5/gb.cri.cn/27824/2009/03/17/2625s2460320_1.htm）

達賴十四喇嘛善於利用國際情勢與個人魅力，以流亡領袖的身分，活躍於西方的政治舞台，營造「和平」「慈悲」「崇高」「智慧」的形象，讓西方人忽略了西藏長期以來「神權統治」的悲慘歷史，而將他捧上「世界偉人」的高座，甚至於奉若神明：

近來網上吹捧達賴喇嘛的聲調又高漲起來。有人說他是西藏人民的唯一代表，有人說他是『藏人至高無上的權威與領袖』，……『國際社會最有影響力的偉人之一』、『當今世界的巨人』、『有佛之大胸懷』……。

達賴究竟爲西藏人民做過什麼好事，值得這樣的美譽？什麼也沒有。……達賴卻死抱著『甲於五洲』的農奴制不放。不僅如此，舊西藏的檔案顯示，現世達賴有一次做佛事，要用人的腸子做祭品。他手下的人就在街上抓了兩個乞丐，殺後取腸交給達賴。這就是達賴的德政。既然達賴是個暴君，爲什麼仍有藏民崇拜他呢？

這就要講到有關達賴的兩個神話。

「達賴喇嘛」這個稱號，最初只是宗教名號，一六五三年清朝順治皇帝冊封五世達賴爲西藏政教合一的領袖，這才確立了達賴在西藏的最高權威。可見達賴的『至高無上』權威來源於中國政府。中國政府有權冊封達賴，自然也有權廢黜達賴。六世達賴倉央嘉措就曾被康熙皇帝下令鎖銬入京，死於途中，拋屍荒野。十三世達賴叛逃印度投靠英國人後，清廷下令革去他達賴的名號，另尋達賴靈童，因辛亥革命而作罷。

五世達賴被順治皇帝冊封爲西藏最高政教領袖後，製造了一個神話，說他是「大慈大悲、救苦救難的觀世音菩薩」的化身，藏人只消無限崇拜他，就可獲得好運、超度來世。他利用政權與神權的雙重力量宣傳這種說法，……『達賴喇嘛』這個名號於是就變成了藏人心中至高無上的神。……

今日崇拜達賴的藏人屬於兩種不同的類型：一種是文化素質極端低下的農牧民與小市民，……另一種是受過中國政府免費教育較多的、文化較高的藏族知識分子與知識青年，他們從媒體特別是影視中看到了西方物質文明與商業娛樂，對之無限的嚮往與崇拜，把歐美各國看作「西方」極樂世界，巴不得立即到那裏去西裝革履、油頭粉面地狂歌勁舞、豪飲海吃、縱情聲色……。由於達賴叛逃後成了西方大國分裂中國的寵兒，他們就認爲如果西藏獨立，達賴就能從西方各國領到大把金元，讓他們一夜間就進入西方極樂世界，像好萊塢電影裏的美國人一樣家家有豪宅、人人有名車、夜夜進夜總會，享不盡人間榮華富貴——這是關於達賴的現代神話。他們崇拜達賴跟「達賴是觀世音菩薩化身，崇拜他可超度來世」這一古老神話無甚關係。他們實際信仰的與其說是喇嘛教，不如說是拜金主義、享樂主義、物質主義與縱慾主義。……

達賴對藏人的影響力與號召力，就來源於這樣兩個互相矛盾的新老神話，也是他的『偉大』的根據與秘密。……佛經中根本沒有「達賴是觀音化身」的說法，可惜那些只知口誦六字眞言、五體投地崇拜達賴的藏人，根本聽不懂這樣的話。

（〈達賴喇嘛的神話與西藏問題的出路〉，

http://www.popyard.com/cgi—mod/newspage.cgi?num=250150&r=0&v=0）

如上所述，「達賴喇嘛」只是由帝王封賜、政治利益交換的假名、空號，[5]卻被塡入許多不相干、不如實的內容，讓頂著這個頭銜的「凡夫」，突然擁有政治的權力與宗教的威望，可對信徒生殺予奪、呼風喚雨！而信從者，或因無知而受制於他，或另有嚮往而假手於他，於是所謂的「觀世

---

[5]『達賴』蒙古語意爲『大海』，喇嘛，藏古語意爲『上人或上師』。此名起於明萬曆六年（1578），時蒙古土默特部順義王俺答汗迎請索南嘉措至青海傳教，崇奉甚敬。俺答汗贈索南嘉措以『聖識一切瓦齊爾達喇達賴喇嘛』稱號，意爲『遍知一切德智如海之金剛上師』，以示敬意，是爲達賴名義之始。後格魯派徒眾以索南嘉措爲三世達賴，上溯其師承，以根敦嘉措爲二世，以宗喀巴之上首弟子根敦主爲一世，這是仿效「噶舉派」的活佛轉世制度，建立「達賴喇嘛」活佛轉世系統。代代相傳，皆以嘉措（大海）爲名。格魯派教徒尊爲觀音菩薩化身。五世達賴阿旺羅桑嘉措，出生于西藏山南窮結。明天啓二年（1622）被迎入哲蚌寺。……清順治九年（1652）親赴北京覲見。次年，順治帝賜以滿、漢、藏三體文字金冊，滿、蒙、漢、藏四體文字金印，文曰『西天大善自在佛所領天下釋教普通瓦赤喇怛喇達賴喇嘛』。此後，歷代達賴喇嘛轉世（上任），都必須由中央政府冊封。阿旺羅桑嘉措返藏後，即移駐於布達拉宮，大興土木，廣事經營，統馭西藏政教，集大權于一身，成爲一方教主。……其後，每代達賴更迭便由清廷冊封，遂成定制。（達賴喇嘛以及轉世制度 http://bbs.tiexue.net/post2_2666705_1.html）

音菩薩化身」，就成了喇嘛與人民各懷鬼胎、滿足私欲的咒語，彼此都希望它確定有效，卻不在乎它是否是眞的。

除了蒙、藏、漢交流史上對「達賴喇嘛」的神化之外，近代西方人也參與（接續）了這項造神運動；尤其一九八九年頒給達賴十四的「諾貝爾和平獎」，可說是西方霸權對東方政治的涉入與操弄；頒獎者與受獎人心照不宣，普世大眾卻只看到了那片亮麗的光環，卻不曉得一個「獎項」背後的政治等等利益交換，更加深了「達賴」的罪惡、模糊了「達賴」的眞相。從「觀世音菩薩化身」轉爲（或加上）「諾貝爾獎得主」，從中國政府的認定移轉爲西方人的認定，其「神權政治」的世俗性就更明顯了。

今天很多西方人張冠李戴，「佛教」早成了小支派「藏傳密宗格魯」的代名詞；也不知普世佛教僧侶所恪守的佛祖出世悟道，與舊藏傳喇嘛入世干政、利用神權統治的大不同，只要言及「佛教」，必提達賴，這就是長期飽受政治宣傳轟炸，所形成對浩瀚東方「佛教」的訛誤與無知。……一九八九年六月四日氛圍下頒發的「和平獎」，事實上是「政治考量」大於「實質考量」，根本上罔顧西藏「Théocratie 神權政治」與「民主」大相逕庭的本質與其摧殘「人權」的史實，更對達賴與諸如智利皮諾契特、前納粹高官哈勒、奧姆真理教教主麻原彰晃等「反人道」危險人物的密切關係，視若無睹。……

十四世達賴似乎對「封建神權政治」所賦予的無上權威，腳踏百萬匍匐農奴甘之若飴、如沐春風。時至今日，不論是為了政治宣傳還是個人抒情，達賴已經不止一次表達其對這個「美好天堂」的眷戀，在《達賴喇嘛自傳》中可見一斑；其中寫道「當我回顧西藏還是自由國度的時光，發覺那是我一生中的黃金歲月」。無庸置疑，對達賴個人及其周遭的既得利益者來說，也實在找不出還有什麼比他們曾經所在的「神權無限自由的天堂」更美好，與更能為所欲為？！義大利著名歷史哲學家、國際黑格爾哲學學會主席 Domenico Losurdo 梅尼克．羅蘇多教授，在其「中國、西藏和達賴喇嘛」*La Chine, le Tibet et le Dalaï Lama* 一文中，稱十四世達賴為「Dieu-roi 神皇」，可說是對其的最佳註腳！也是對其「和平獎」

光環的最大諷刺！……在西方民主國家自己對「神權政治」，避之唯恐不及的今天，西方又是以什麼道德基礎，猶利用一些宗教虔誠，去向曾經飽受「神權」荼毒的西藏人民，推銷根本上早被西方棄如蔽履的「神權政治」？！

（〈談西方「十四世達賴神話」進行三部曲〉，2009/03/25，http://blog.udn.com/clairair/2781423）

這一片讚頌聲中，最可悲（可惡）的是以「西藏密教——達賴喇嘛」代表或代替了「佛教」，這是對西方人的矇蔽與誤導！然而，世人只看宗教的表面；或因爲自己夾雜了其他需求，縱使有許多負面證據可揭發「藏傳佛教／達賴」的虛僞與邪惡，卻似乎不能一時改變大眾的印象，以至於邪教橫行的悲劇，在世界各地陸續發生，令人嘆息！且看這一篇報導：

一九九七年五月二十八日德國《明星》週刊文章〈沾有納粹污點的『英雄』〉，披露了達賴的原『老師』奧地利人海因裏希．哈勒的檔案材料，證明哈勒原來是一名隱藏了半個多世紀的納粹分子。

……他一九三八年四月一日起在黨衛軍工作，並早在一九三三年十月就效力於當時在奧地利還處於非法地位的『衝鋒隊』——希特勒的第二個恐怖組織。……哈勒曾逃往西藏，並在一九四六年後一度擔任過達賴的『老師』，之後又寫了《在西藏的七年》一書，……被翻譯成四十多種文字，據稱『已有五千萬人讀過此書』。哈勒本人也因寫作此書而獲得了『人權衛士』的名聲。特別是好萊塢最近投鉅資將該書拍攝成電影，更使哈勒在西方世界受到『英雄』般的讚美。……這個納粹黨『昔日的忠實信徒』，在納粹戰敗後的第二年即一九四六年，就逃到了拉薩並成爲達賴的『老師』，人們不禁要問：哈勒的納粹經歷和背景，是否會對他調教當時只有十一歲的達賴產生某些影響呢？……

基於同樣的『政治掛帥』原則，不難理解美國主流傳媒爲什麼在諸如達賴喇嘛長年接受中央情報局津貼、達賴喇嘛親兄直接參與謀殺不丹國王凶案、下令在東京地下鐵道釋放致命毒氣的日本『魔教』教主麻原彰晃與達賴喇嘛的密切關係等等，有損『英雄形象』

的事件上堅持保持沉默，對美國讀者實施事實新聞封鎖。……

『奧姆眞理教』被世人熟知，是因爲他們製造的一起慘案。一九九五年三月，『奧姆眞理教』在日本東京地鐵施放毒氣，造成十二人死亡，五千多人受傷。二〇〇四年二月二十七日，日本東京地方法院以十三項罪名判處麻原彰晃死刑。二〇〇六年九月，日本最高法院駁回麻原彰晃的上訴，維持原判。

東京地鐵慘案發生之後，全世界愛好和平的人們都把憤怒的矛頭指向麻原彰晃以及奧姆眞理教的時候，達賴卻對日本共同社發表言論說，他認爲奧姆眞理教是宣傳佛教教義的，麻原彰晃仍然是他的『朋友』。達賴的這番言論，當即引起世界輿論的譁然。達賴爲什麼會說這樣的話？因爲麻原彰晃這個地地道道的邪教頭目，其實是達賴的『學生』！如今，對於達賴這個極不光彩的劣跡，某些居心不良的國際媒體視而不見，彷彿這件事情根本沒有發生過。

達賴曾經十二次『訪問』日本。據推測，早在一九八四年達賴

『訪問』日本的時候，當時二十九歲的麻原彰晃就有可能見過達賴。一九八六年，麻原彰晃去了一趟印度；回到日本後，正式成立『奧姆眞理教』。一九八七年，麻原彰晃再次來到印度，與達賴見了面。在這次會見中，達賴對麻原彰晃說：「親愛的朋友，日本的佛教已經頽廢了；如果這樣下去，佛教就會在日本消失。你要在你的故鄉傳播眞正的佛教，你是最合適的人選，因爲你明白佛的心意。你去做這個工作，我很高興，因爲這樣你也幫助了我的工作。」也就是在這次會面的時候，達賴用『聖水』祝福了麻原彰晃，兩人還成爲『師徒關係』。

達賴對自己的邪教高徒非常滿意，此後，一直到一九九五慘案發生的八年間，師徒兩人見面五次，經常通信。一九八九年，麻原彰晃贈送給達賴十萬美元。達賴回贈給麻原彰晃一份『證書』和推薦信。達賴在給東京有關部門的推薦信中，稱麻原彰晃是『很有能力的宗教導師』，並稱奧姆眞理教是『傳播大乘佛教』、『促進公共好善的』。達賴甚至還在信中要求東京有關當局『應當允許奧姆教派免交稅收』。憑著這份『證書』和推薦信，『奧姆眞理教』在日本成爲政府正式承認的宗教團體，並且積累起大量資金，從事沙林毒氣的研製和生產。

麻原彰晃在日本獲得合法地位後，給達賴寫了一封感謝信，信中說：「我的願望就是西藏能儘快地回到藏人的手上，我將盡可能地提供任何幫助。」此後，麻原彰晃受達賴的指派，兩次潛入我國西藏地區『傳教』。麻原彰晃公開承認，達賴是他的指引人。奧姆眞理教的教義、教規，大多來自于達賴這個宗教領袖。

對於達賴同麻原彰晃的關係，德國《焦點》週刊評論說：「沒有達賴喇嘛的支持，麻原根本不可能建立起他的教派帝國。他從一個江湖醫生和小小的刑事騙子，在短短的幾年内火箭式地上升爲日本一個教派領袖也不會如此順利，這是可以肯定的。」達賴之所以對麻原彰晃如此器重，除了從麻原彰晃那裏拿錢外，還有一個原因是，他想通過麻原彰晃對日本的佛教實行『改革』。我們知道，日本的佛教與西藏佛教不同，與中國大陸的佛教淵源更深。達賴與麻原彰晃勾結的目的，無非是想在日本也建立一個支持『藏獨』的親信隊伍。達賴的這個如意算盤，最終導致了一個邪教膿瘡的潰爛。現代社會其他邪教組織都是殘害自己信徒的生命，而達賴的高徒麻原彰晃建立的『奧姆眞理教』是第一個向教派外的無辜者採取恐怖手段的宗教組織。

（〈達賴與納粹、奧姆眞理教的交情〉，http://culture.ifeng.com/abroad/200812/1208_4088_911843.shtml）

達賴喇嘛與麻原彰晃，此二人猶如一對截然不同的學生兄弟；一個是閃光燈前的『世界和平使者』，一個是被告席上的殺人兇手。他們來源於同一土壤——喇嘛教，但在表面上似乎長出完全不同的果子。我們用密宗的邏輯來分析這一現象，則會看到，達賴喇嘛與麻原彰晃實際上是擔任了同一本質的兩個不同角色，一個扮演了大慈大悲的觀世音菩薩，一個則扮演佛祖的凶神化體——地獄之神 Yama。一個是光明面，一個是陰影，然而兩者是同一軀體。這種角色分工不僅不是偶然的，而且是必要的，達賴喇嘛祇有將他本身內在的暴虐本質轉移到凶神 Heruka 身上，才能使自己成為光輝的觀世音菩薩。

（《西藏文化談（十九）》，http://www.realsidelama.cn/page20.html）

此外，有一個最近的內地傳說，附錄在此作參考；若屬事實（從藏傳佛教的「歷史」與「教義」來看，達賴極有可能這麼做），又多一個「雙面人魔」的證據！

之後，藏獨勢力沒有得逞，眼看奧運會越來越近，藏獨勢力、達賴喇嘛，最後垂死掙扎的機會眼看就要錯過，藏族人眞的急了！整個藏族表面上，看上去風平浪靜。實際，藏族骨子裏對漢族有著刻骨的仇恨！這些年來，達賴喇嘛在印度他的寺廟、僧團組織中，不斷聲明：「十三億漢族人是所有藏族人民的仇人！一定要消滅他們！」因為從九〇年代至今，由於四川的經濟不景氣，有數百萬的四川人為了生計都紛紛奔赴西藏，做生意和生活，被藏人罵為『川軍入藏』。並且西藏的長期駐軍也都是四川軍隊。所以，藏族人認爲四川人佔領了他們的家園，對他們極爲痛恨！只是礙著共產黨的權威不敢說罷了！這次藏獨失敗之後，藏獨流亡政府又生奸計！由於沒有先進的武器和經費，和共產黨抗衡，喇嘛僧團只好搬出了最古老可怕的看家的本事——降災咒術！據歐美情報人員的可靠消息透露：之後，達賴喇嘛率領印度達蘭薩拉數萬名喇嘛尼姑，和印度三大寺廟（印度沙拉寺、甘丹寺、哲蚌寺），共計數十萬僧人，分別在各寺廟，各地連續舉行『**給中國降災大法會**』。並且在法會中，達賴喇嘛和各活佛發表演講，稱「中國——漢族，是我們藏族的敵人，他們剝奪了我們世代生活的家園，只有用十三億漢族人的鮮血和生命，才能贖回他們的罪過！爲了我們藏族人民的政教大業和利益！爲了早日西藏獨立！我們祈求護法神向中國漢族人降下大災難吧！給敵人降下大地震、大水災、瘟疫吧！尤其，請護法神懲罰四川人，給四川降下大地震吧！讓中國的南方發大水災吧！中國垮了，我們獨立的日子就不遠了！」

當場所有僧俗群眾掌聲雷動！接著，在印度的數十萬名喇嘛尼姑，分別在各地各廟舉行了長達一個月的『**給中國降災大法會**』活動。更動用了整張人皮，人頭蓋骨，人腿骨，人皮做的打嘛鼓等，作爲作法的法器！其中動用了藏傳佛教寧瑪派傳承幾百年，早以禁用的最邪惡威力最大的惡咒術！此咒術曾在過去由寧瑪派大咒師用過，在戰爭前給敵方造成巨大天災，數十萬人在那次自然災害中喪失生命！而這些喇嘛最終不戰而勝！

與此同時，西藏流亡政府通過電話等方式，聯繫了西藏青海的寺廟數百家之多。其中包括：鬧事的拉薩哲蚌寺、甘丹寺、沙拉寺、大昭寺、小昭寺等。命令所有寺廟，都必須在各自廟中，私下偷偷舉行『**給中國降災大法會**』，爲四川降下災難，爲中國降下災難！並且嚴守秘密，防止洩露！此後一個多月，青藏高原各寺廟均按命令秘密舉行降災法會，直到四川地震發生之前！

據歐美情報人員的可靠消息透露：在四川大地震發生之後，全國人民的心都碎了！達賴喇嘛和他的幾十萬喇嘛在印度慶祝歡呼！並發表慶祝勝利演說！在全國十三億人民都在哀悼救災的時候，達賴喇嘛和他的幾十萬喇嘛在放聲大笑，慶祝勝利！在青藏高原，數百萬藏人，數百家寺廟，在奔相走告這個天大的好消息！藏人在偷偷的慶祝！偷偷的笑！在感謝神明為藏族復仇！發生後的藏族，最常說的一句口頭禪是：「信奉藏傳佛教的藏族是最後的勝利者！」這使我想起了本．拉登領導的『聖戰』和恐怖基地組織曾說過一樣的話！自古以來，藏族這個古老的民族，就有用咒術殺人的歷史。尤其在歷史記載中，你會找到每逢兩軍對戰，自己這方處於弱勢的時候，藏族都會啓用喇嘛做法，以給敵方製造天災人禍來削弱敵方的實力！更有甚者，西藏各寺廟假意為四川災區祈禱、為奧運祈禱為名，實際加緊對四川災區和中國的詛咒，所以使四川災區餘震不斷，險象環生！

（〈達賴喇嘛的「給四川降災大法會」內幕〉，
http://s.bbs.sina.com.cn/pview-3-76222.html）

綜合前述文章的解析與評論，已足以拆穿達賴喇嘛「世界偉人」「和平使者」的形象；對於盲從、迷信、崇拜他的人們，是夠明顯的諷刺與警醒了！這麼一位剝削藏民、欺騙世人的亡命之徒，所到之處，除了假借「佛教」名相、「民主」觀念，鼓其簧舌以惑眾之外，看不出有什麼慈愛眾生、尊重人權的具體作爲，眞可正名爲「欺世盜名」之輩！從這裡回過來檢討他「觀世音菩薩化身」的神話，誰能相信呢？

在藏傳佛教的格魯教派裏，dl（達賴）喇嘛被尊爲觀世音菩薩的轉世。本人對此產生了諸多疑問：

1．格魯派的創教人宗喀巴，沒有被尊爲觀世音的轉世——而宗喀巴的大弟子根敦珠巴在圓寂一百零四年後，才被三世 dl 索南嘉措追認爲一世 dl。既然格魯派認爲自己的教主是觀世音的轉世，那它的創教人爲什麼不是觀音轉世哪？畢竟他最有資格享受這一稱號呀！如果說觀音要等宗喀巴創立了教派後才轉世，那何必要等到一五七八年才由三世 dl 追認哪？應該在1474年根敦珠巴圓寂之前就宣佈呀！

2．dl 喇嘛這個稱號，是政治與宗教結合的產物，在不同時期反應不同的內容：dl是蒙語，意思是大海；喇嘛是藏語，意思是活佛。三世dl喇嘛的封號不是本教派冊封的，而是索南嘉措在蒙古傳教期間，由當時的蒙古土默特部首領俺答汗冊封的。難怪是個蒙藏結合的封號了。我這裏想問的是，一個部落首領憑什麼確認一個宗教人士是觀音轉世哪？這樣的冊封除了顯示出政治參與宗教，還能說明什麼哪？到了五世dl，清朝冊封他爲「西天大自在佛所領天下釋教普通瓦赤喇達喇dl喇嘛」，這次又是一個漢、蒙、藏三種語言結合的封號。

3．dl喇嘛的封號要由中央go-vern-ment決定，這本身就很滑稽，難道轉世的觀音可以不被認可嗎？六世dl於一六九七年坐床，一七〇五年由於逃亡，被清go-vern-ment廢黜。十一世、十二世、十三世也都由清朝冊封，十四世由中華民國go-vern-ment冊封，中央go-vern-ment可以決定一個人究竟是不是dl，可以做多久dl，這樣的人會是觀音的轉世嗎？

4．dl沒有任何超出常人的地方——既然是觀音的轉世，一定會有與眾不同的地方吧。可是歷代 dl 沒有顯示出什麼超人的地方，而且遇到外敵入侵立即逃亡，是 dl 的一大共同特徵。現在的十四世 dl 除了會說英語，也沒看到有什麼超過一般老人的地方。（dl 學英語怎麼沒人說是侵犯了藏族文化？藏人學漢語可是被 dl 視作漢人入侵藏文化的罪證）。各世 dl 雖然養尊處優，但是壽命都不長。其中九世活了十一歲，十世活了二十二歲，十一世活了十八歲，可以說是夭亡了。觀音為什麼要轉世在這些短命的人身上哪？倒是十四世 dl 已經活了七十三歲了。難道連觀音也不知道自己要轉世這個人的壽命長短嗎？

5．轉世靈童的出生時間與前任 dl 的圓寂時間沒有嚴格界定。儘管都是在 dl 圓寂後去尋訪，但是時間上沒有嚴格的界定。以前的轉世靈童都是前任 dl 圓寂一年後出生。唯有十四世 dl 是前任圓寂後兩年才出生的，而且出生的地方竟然是藏人很少的青海省祁家川。難道是觀音這次想多等一年，故意找個藏人少的地方轉世一回？

6．十四世 dl 喇嘛爲了攻擊中央 go-vern-ment，這些年在海外說的謊言已經沒辦法統計了。他連最起碼的不打誑語都作不到，根本不配一個僧人的稱號，觀音菩薩爲什麼要轉世在這樣的人身上哪？

7．觀音轉世爲什麼選擇在西藏那？佛教西元一世紀由印度傳入中國，到了西元七世紀才傳到西藏。那麼，觀音要麼應該選擇印度轉世（因爲是佛教的發源地），要麼選擇在中國內地轉世（因爲信眾眾多）。但是觀音爲什麼偏偏選擇了在西藏轉世哪？這是因爲內地和印度沒有這樣的土壤，誰會相信一個普通人是觀音轉世哪？佛教要是眞在內地那麼做的話，估計沒幾個人會再相信它了。就比如，如果基督教現在說某某教皇是上帝的轉世，還有幾個西方人會再相信上帝哪？

綜上所述，我得出個人看法：dl 喇嘛一定不是觀音的轉世！

（〈達賴喇嘛不是「觀音」的轉世〉，

http://dzh.mop.com/topic/readSub_8262430_0_0.html#/topic/readSub_8262430_0_0.html）

我們再看達賴十四世在書中怎麼說？達賴說：【印度大師佛智所撰《文殊聖語》提到，吾人的身體結構和四大，即使是在凡夫的層次，在睡覺、打哈欠、昏厥和**性高潮的時候**，也會自然地經驗到明光的微細層次。這顯示我們自身具有可以進一步探索的潛能。在這四種狀態中，**進一步發展的最佳機會是性交**。

雖然我使用「**性高潮**」這個普通名詞，卻不是指一般的性行爲，而是觀想**與明妃交合的經驗**，藉以融化頂輪的四大，並且回轉其過程。這種修行的先決條件是不可漏精。根據《時輪本續》的說明，漏精對修行的傷害非常大。因此，即使在夢中也不可以漏精。密續描述了各種克服漏精的方法。這與律藏的規定衝突，律藏規定出家僧眾的行爲準則，允許夢遺，因爲這是超乎控制的；但密續卻認爲夢遺是犯戒。溶入覺悟心的經驗，由一般的貪欲所產生，因此行者**必須要能生起貪欲**。關鍵是由於貪欲的力量，你能夠融化體內的四大。……（中略）……。佛陀在教授密宗道時，以曼達拉的主尊示現，**並與明妃交合，其重要性在此**。因此，行者在修法過程中，觀想自己化成與明妃交合的佛。】[6]因此「性交合」才是喇嘛眞正的目的。你的女眷與喇嘛教是如左圖所示：

[6] 達賴喇嘛著，《西藏佛教的修行道》，台北市慧炬出版社，初版一刷，2001年3月，頁36–38。

只有達賴十四世這樣嗎？其實達賴一世就這樣以性交爲目的。

達賴一世這麼說：【The nature of the secret initiation is that **the master sits in union, unites the male and female forces**, and gives the disciple a taste of the mystic nectars. The disciple, not understanding this secret process, is blindfolded and not permitted to watch. Therefore it is called 'the secret initiation'. Thus sharing in the master's experience, the disciple experiences great bliss.

In the wisdom initiation the disciple is given a knowledge lady and is instructed to sit in union. The meaning is that the mind is here introduced to its ultimate nature, or emptiness. This is symbolized by the **sexual organ of the consort**.】[7]

中文語譯：【秘密灌頂的本質就是上師**以交合的方式坐著**，結合男性和女性的力量之後給弟子**吃下神秘的甘露**，不了解這種秘密程序的**弟子被用眼罩蒙上眼睛而不允許他去看**，因此這個過程被稱作秘密灌頂，如此**分享了上師的體驗後，弟子也體驗了大樂**。

在智慧灌頂時，弟子會有一位智慧女，並且被指示**要和智慧女以交合的方**

[7] Dalai Lama I, 'Selected Works of the Dalai Lama I: Bridging the Sutras and Tantras', Snow Lion Publications, 1985, P156.

式坐著，這意義就是這裡的心被引導到終極自性或稱爲空性，這就是性伴侶的性器官的象徵。】

藏傳佛教（喇嘛教）的修行最終就是要雙修，上圖就是男女雙修的無上瑜伽姿勢。說穿了其實就是印度性力派的生殖崇拜信仰，卻用「藏傳佛教」的名義來傳教。

達賴喇嘛說：【根據新譯派，修秘密真言到某種程度時，修者修特殊法，如利用性伴侶、打獵等等。雖然利用性伴侶之目的，不難被說成是爲了用欲於道及引出較細的證空之識。】8

8 達賴喇嘛著，《慈悲與智見》，1997 年 3 月修版三刷，羅桑嘉措——西藏兒童之家，頁 246。

達賴喇嘛十四世在他的著作《藏傳佛教世界》頁 149 中說：【通常我教導宗喀巴的《密宗道次第廣論》(sNgags rim chem mo)在沒有翻譯中斷的情況下要花二十天。】因此《密宗道次第廣論》這本書對於藏傳佛教來說，乃是非常重要得一部著作，乃是號稱至尊的宗喀巴所著作，我們看一下宗喀巴在《密宗道次第廣論》這樣說：【……若傳女子灌頂，**於金剛處當知爲蓮**。此如妙吉祥、〈口授論〉第三灌頂時云：「由虛空界金剛合，具正眼者**生大樂**，若於正喜離欲喜，見二中間遠離堅，蓮空金剛摩尼寶，**蓮藏二合金剛趺**，若時見心入摩尼，知彼安樂即爲智，此是圓滿次第道，最勝師長共宣說。貪離貪中皆無得，剎那妙智於彼顯，**八時一日或一月，年劫千劫受此智**。」正灌頂時受須臾頃，**正修習時長時領受經八時等**。】[9]意即藏傳佛教密宗的喇嘛、上師、修行人，得要抱著女人性交合，達到性高潮，而且要保持這個性高潮樂觸，至少得要每天都保持長達八個時辰（也就是現代人說的十六個小時）之久，因此他們才要努力的修拙火、氣功、寶瓶氣……等法，讓自己不會早早射精而每天長時間抱著女人受樂。學密的女人則是要每天抱著男人交合，長時間處於性高潮中。

[9]《密宗道次第廣論》宗喀巴著，法尊法師譯，妙吉祥出版社 1986/6/20 精裝版，頁 384。

達賴書中公開主張出家人應常常與女信徒性交，這是其中的一本。

藏傳佛教無上瑜伽就是喇嘛與女信徒性交。

達賴喇嘛十四世在書中公開鼓勵喇嘛與所有藏傳佛教的女信徒性交。

NO! 1．達賴喇嘛是全球佛教界的領袖？

你只能說他可能是西方知名度最高的僧人

但達賴卻不會是全球佛教界的領袖
因為達賴信仰的是藉佛法包裝的【喇嘛教】而非佛教
達賴本人愛吃肉，即與正統佛教慈悲護生的教義相違
更違論其無上大法中以「男女交合雙修」為本質的事實

證據

達賴喇嘛文集（3）——《西藏佛教的修行道》第56頁說：

在無上瑜伽續中，即使是第一步的接受灌頂，都必在男性和女性佛交抱的面前成辦。在這些男女交合的情況中，如果有一方的證悟較高……

達賴喇嘛《慈悲的力量》第91頁說：

當然，在這種情況下他們確實運用到性器，不過能量的運作完全在掌控之下，精氣最後將一點不漏收回……

達賴喇嘛：我達賴喇嘛自己都喜歡吃豬肉，對這個沒有限制。我特別喜歡吃中國烹調味道的豬肉……一般來說藏人尤其是年輕喇嘛避免吃魚、雞、豬肉和雞蛋。

記者：但是你全吃？達賴喇嘛：是的。

（摘自曹長青「抵抗撒旦的和平偶像—達蘭薩拉採訪達賴喇嘛」）

從處女身上活剝下來的人皮製成的人皮鼓，用來修誅法殺人。

掌權時期達賴政權下的西藏賤民、農奴。

剛即位時的小「活佛」達賴十四世。

NO! 2．據傳達賴喇嘛是觀音菩薩化身？

雖然他在西藏地位崇高，是政教合一的領袖

但達賴的政權卻是建立在苛刻農奴與嚴刑峻罰之上

試問大慈大悲的觀音菩薩怎麼會如此對待其子民？

又怎麼會拿人皮人骨來作法器？

我們不是在苦難時，都會祈求觀音菩薩來救苦救難嗎？

慈悲的觀音菩薩又怎麼還要聽取「神」的建議而流亡異鄉？

證據

達賴喇嘛自傳中說：

大約就在這時，我請示涅仲的神諭。我該留下或脫逃？

第二天，我再度請示神諭。令我大吃一驚，

神指示：快走！快走！今晚！

（觀音化身的達賴喇嘛竟然需要請示神諭，而於 1959 年 3 月逃離拉薩）

藏傳「佛教」所用的法器：

除了右圖所示之外，再看看《阿姊鼓》背後的故事：

這個鼓，用的是一張少女的皮，她是宗教的獻祭品……

在西藏，只有處女的皮才配製成鼓。而這阿姊不只被做成了人皮鼓，

還有人骨號、人骨法器等。

http://tw.myblog.yahoo.com/jw!1sNUWzGZE0NDeuADO6qLpUc-/article?mid=140

France 24 台 專題報導

達賴與麻原彰晃合照

3．達賴喇嘛是愛好和平的人權鬥士？

NO! 諾貝爾和平獎 的確帶給達賴耀眼的光環，

但諷刺的是達賴對內剷除異己、迫害宗教自由！

達賴對外則不論是非黑白，暗結各方勢力。

證據

沙林毒氣主謀麻原彰晃與達賴喇嘛：

在毒氣事件剛發生以後，達賴還在一次對記者談話中稱麻原爲：「一個朋友，雖然不是一個完美的。」1989年，麻原贈給達賴的組織十萬美金，達賴則給麻原發了所謂證書，麻原以此證書在日本政府得到了對奧姆眞理教作爲正式宗教的承認。（資料來源：《西藏文化談》，耶律大石編譯自《達賴喇嘛的陰暗面》。）

西方媒體報導達賴壓迫宗教自由：

不要忘記達賴進入西方世界只是最近半世紀的事，如今包括瑞士、法國等媒體，都已逐漸看清達賴的眞面目，一改之前親達賴的作風，而以專題特輯的方式追蹤報導達賴以其政教影響力剝奪雄天派信眾的宗教自由與人權。

http://www.youtube.com/watch?v=3wpMz2-E0Z0

http://www.youtube.com/watch?v=ZpvkCryGfws&translated=1

http://www.youtube.com/watch?v=0-vI5fs8EUI&feature=channel_page

Dalai Lama, Stop Lying!（雄天派喇嘛上街頭揭穿達賴的謊言）

鬼神崇拜、性力崇拜、生殖崇拜的藏傳佛教

四、神話「明妃」：被物欲化的女性

以「邪淫」爲本的藏傳佛教——西藏密教，隨時需要大量的女人供喇嘛們淫樂，美其名曰「無上瑜伽」「雙身修法」「和合大定」……；印順法師《印度之佛教》頁三二三說：「『無上瑜伽』者，以欲樂爲妙道，既以金剛、蓮華美生殖器，又以女子爲明妃，女陰爲婆伽曼陀羅，以性交爲入定，以男精、女血爲赤、白二菩提心，以精且出而久持不出所生之樂觸爲大樂。外眩佛教之名，內實與御女術同。」明妃在藏傳佛教中又有佛母、空行母、度母等名稱，就是與上師行淫交合的女人。藏密男行者欲修雙身法，須先選具相、具格之明妃，此妃若已完成生起次第（雙修前的觀想或手淫法已修成）及第四灌，乃至修過「樂空不二」之雙身法者，具大功德，乃可稱爲佛母、空行母、度母，否則只稱明妃。但是如今台灣的喇嘛們才不管什麼具相、具格的說法，只要是年輕或貌美的女人，就可以成爲修雙身法時的明妃、佛母；如果錢財多多而願意付出大供養，即使年老皮緩或年輕而不俊美，也可以被喇嘛認定爲明妃、佛母，同樣被教導名為大樂光明的全身遍樂「無上瑜伽」，卻與佛法的修證完全無關。

在西藏，於這種男性主導之荒謬的性遊戲中，身心被動而直接受害、受騙，卻於佛法修行上毫無利益的，就是被「選中」或被「獻出」，作爲供養物（祭品）的女子；她們是如何被說服（強迫）去擔任這樣的角色？在西藏落後文化的長期熏習下，藏女們或迫於喇嘛的淫威而不敢反抗，或信於喇嘛的誘導而充分配合；對她們來說，入選爲「明妃」「佛母」是莫大的光榮，能與崇高的上師「共同」修行或「協助」修行，在過程中得其加持，是有益於今生的成就或來世的果報；因此，縱然半信半疑，且備嘗辛苦，她們也安之若命而不想（或無力）探究眞相。如資深佛母基米雅所說：

「印度老密宗早已提出『悲慧和合』，『悲』爲父，『慧』爲母。到了印度新密「無上瑜伽」部，進一步完善爲『樂空雙運』理論。『樂』者男女交歡爲『大樂』，『空』者淫欲體驗的結果『一切皆空』，『雙』者必須是男和女一對配合，『運』者運作、運行。新密大瑜伽怛特羅（譚崔）法之修持形式規定爲『男女和合之大定』，也就是男女交合在一起入定。」

「佛母也叫明妃。在那個年代的不丹，政教合一，人人講奉獻，女孩能把身子供奉給佛當明妃，是極榮耀的事，於是小姑娘欣然同意。……朱巴把小姑娘獻給他的導師。大師十分嚴肅地對小姑娘進行金剛蓮花儀式，也就是『明妃加持』。大師說：『妳俗女身經過觀空之後就是天女身。』小姑娘這就成了明妃。大師拉著小姑娘的手進了幔內，……小姑娘不怕了，然後按怛特羅法，大師抱她坐入懷中……這叫『男女和合（性交）大定』。在和合（性交）大定中，金剛不能動，把思想集中在『大樂』上去體驗……在格魯派大師宗喀巴的《道廣論》中，規定明妃要懂三十多種和合大定的動作。」……

「此後就是漫長的樂空雙運修持。……那時的朱巴才四十歲，四十歲的密宗僧人大都練成了氣功，金槍不倒，大定的時間長，十四歲的基米雅總是精疲力竭。」……

「無上瑜伽和印度老密宗不同的是，在『空觀』時要用『大樂』進行干擾。金剛在入定後，用明妃施以『大樂』，久而久之，『大樂』對入定者不起作用，也就證明徹底消除了欲望。明妃的『大樂』越高級，入定者越是空觀出主尊的光輝形像，那麼這位金剛就達到了『空』的境界。達到了『空』的境界就達成了佛的境界。所以，『和合（性交）大定』是無上瑜伽『意』的主要內容，『樂空雙運』是即生成佛的主要途徑。」……

「根據我的體驗，當明妃的，根本不存在空觀的可能性。明妃上了『和合』之後，其任務主要是產生『大樂』。明妃都是未成年的小姑娘，數十分鐘後，累得汗流浹背，哪還有情緒去空觀主尊大神的光輝形像？」……

（〈實地訪問不丹佛母：朱巴．基米雅〉，http://www.a202.idv.tw/a202-big5/Book6002/Book6002-0-18.htm）

這些坦白的話中，呈現了藏傳佛教「無上瑜伽」的理論與內容，也說明了藏傳佛教雙修女性「明妃」的由來與任務，從頭到尾都是男性喇嘛群自編自導、自演自樂的騙局，卻無任何證據可指出：哪個「金剛勇（佛）父」修此大法而即身成佛？有時雖也有喇嘛被高推爲佛，卻連我見都沒有斷除，連聲聞初果都談不上，更別說是大乘禪宗的明心開悟，至於諸地菩薩及佛地的證悟就更無法想像了，因此都是大妄語的假佛。而被當作道（玩）具的「佛母／明妃」，更是用過了就丟，依舊是生老病死的世間女子。

然而，這種低級的原始宗教信仰，傳入高度文明的漢地與西方之後，卻仍然有效，爲什麼？猶如《西藏文化談》〈七、採陰術〉說：「西方的女子爲什麼甘心做作『智慧女』並且保守秘密？一個原因是『大法師』是以神的形象站在她們的面前，當她們深信其宗教時，這個力量是不可抗拒的；第二個原因，作爲『智慧女』，她在信徒的小圈子裏會忽然享有很高的地位，會被信徒們像女神一樣地崇拜，因爲她和大法師（活佛）行法。『智慧女』必須下毒誓，如果她不遵守誓言，她就會發瘋而死，並下千年地獄！……『智慧女』在她與大喇嘛行法的期間，被信徒們當作女神般崇拜，但完後便被廢棄，自然有更新鮮的『智慧女』出現。」

說穿了，就是藏傳佛教喇嘛懂得利用「人性」的弱點，訴諸不正當或不光明的手段，威嚇利誘，讓智慧女（明妃）在虛榮與恐懼之下任其擺佈，成了男性霸權的犧牲品。

令人好奇的是，藏傳佛教明妃與喇嘛上師以「宗教」之名雙修的詳細內容是什麼？請看這一篇實際說明：

黃教（又稱格魯派，達賴喇嘛即是此派教主）創始人宗喀巴的《密宗道次第廣論》卷十四：灌頂是修密宗時必需舉行的儀式。一個僧人從入密門到修煉最高密法無上瑜伽密，要按照次第進行多次灌頂。密宗視灌頂爲最莊嚴、最神聖的儀式，未受灌頂者是不能修煉密法和閱讀密宗經典的，否則不僅得不到成就，死後還要下地獄。

灌頂儀式必須由金剛上師執行。儀式在曼陀（繪有佛像、法器的修行道場）前舉行，事先受灌者要沐浴，穿著盛裝，由上師手持一個內裝『聖水』的寶瓶，向受灌者頭上灑水，再用以人的頭蓋骨做的碗裝青稞酒讓受灌者喝。最高級的灌頂儀式是修無上瑜伽密之灌頂。其過程是：弟子找一個十二歲，十六歲或者二十歲的處女，引到密室內用幔帳包圍住的屏內，將此女獻給上師，此女被叫做『明妃』（佛母）。然後由上師加持『金剛蓮花』（男女生殖器），將『俗女身觀空後，生天女身』。然後上師攜『明妃』進入屏幕內，行『大瑜伽怛特羅法』（『男女和合之大定』，通俗地說就是性交，然後『入定』）。

弟子在幕外以布遮目跪候。事畢，上師攜『明妃』至幕前，以大拇指和無名指取『摩尼寶』（精液）置於弟子口中，同時念誦《金剛曼經》。弟子要誦意爲『稀有大安樂』的咒語，把『摩尼寶』咽下。而『明妃從入定起，不著衣服，於蓮花中取甘露滴（處女血），同樣置於口中，亦如上而飲』。這就是所謂密灌頂。灌頂後，弟子去遮目布。上師將『明妃』手置弟子手中，然後以自己的左手執他們的手，以自己的右手持金剛杵置於弟子頭頂，教訓道：『諸佛爲此證，我將伊授汝。』然後令弟子與『明妃』如法修『和合之大定』，『引生大樂』。所謂灌頂，名爲宗教儀式，實爲輪姦少女。⋯⋯

如果那個被選中的『明妃』就是你，你又會有什麼反應？我想沒有哪個人會告訴我「她要爲了自己的信仰去獻身！」……

喇嘛好色貪吃，自古皆然，不過現在的喇嘛好色貪吃也沾了漢風洋氣。三大寺的青年喇嘛如今大搖大擺地穿上便裝去拉薩的錄像廳，看港台和西方黃色錄像……

（〈藏傳佛教與喇嘛們的前世今生〉，http://bbs.globalview.cn/read.php?tid=86）

看清楚了吧！所謂「灌頂」，雖假名爲「宗教儀式」，其實是兩個男人「輪姦」少女。但是，訓練有素的上師們，總有各種花言巧語，讓受害的女弟子爲情所繫而不敢聲張，致使新來的女子繼續受騙，卻無處申冤。

現代西藏密宗之活佛上師以此雙身性交法之弘傳，加以「合理化」，令其弟子信受已，復以密傳雙身性交法淫事而與諸女性弟子「結緣」；藉此作爲日後之把柄，而令女性學人爲情所繫、難以捨離藏密活佛上師。甚至有人將雙身合修之過程秘密錄像收存，若女弟子擬捨離時，則以曾修雙身法之證據而恐嚇之，以之訓令女弟子不得背叛之，令密宗女弟子不敢離去及不敢公佈密宗內之種種秘辛。比較「善良」之上師，則以之作爲要挾之物，令女弟子雖離去後，仍不敢公佈密宗實情，而可以繼續對初入密宗之學人，誑言密法爲最勝法、爲能令人即身成佛之法、爲超勝於顯教之最殊勝密法，以如是手段推廣密宗勢力。

藏密上師找人『雙修』時，一開始並不直接明說，更多則是流露出想與其結婚的念頭，並暗示婚後即成爲『佛母』。一般女子，無論是否密教徒，是很難拒絕『佛母』稱號的；但請放心，藏密上師多半不會同妳結婚，即使他是眞的喜歡妳，他也會權衡利益，最多保持一種『雙修』關係。因爲供養他的信眾，絕大部份不希望有漢地女孩借結婚而成爲『佛母』……。事後，一些藏密上師會告訴女子「是拿妳來『修』的」；一些藏密上師則不明講，待他對妳不感興趣時就消失無蹤。……也有女子眞的氣憤不過，不懼千山萬水去了上師的户籍所在地，到縣佛教協會和各部門，控告其道德敗壞及誘姦；這事在當地影響極大，但始終不了了之，那個女子後來去了新加坡。

還有一個北京女子，也是相同原因，飛機、汽車顛了幾天到藏密上師老家控告；到了當地才發現，那個藏密上師在當地名聲早已很壞，當地人不相信他在漢地會那麼威。人家還反問她：「妳憑什麼相信他？」請不要說這些女子是自作自受，她們通常會認爲藏密上師就是活著的佛菩薩，不會騙人、不會說謊；在接觸他時，不少人已經放鬆了思考的底線，覺察不對時，已經遲了。

（〈喇嘛騙女人的手段〉，http://tw.myblog.yahoo.com/hgl8888/article?mid=299&prev=301&next=268&l=f&fid=17）

聰明的現代女性們！不要一時沖昏了頭，相信這些藏傳佛教「色狼喇嘛」的謊言，他們有足夠的理由與本事騙妳「雙修」，卻從不將妳的貞節與幸福當一回事：看中了，就騙；玩過了，就丟！從裏到外，百分百的世俗「男性」本色；甚至更壞、更無恥，毫無宗教師應有的修養與品格。他們做這種事，是被藏傳佛教的教義所允許、所鼓勵，且受整個組織的保護，既無罪罰刑責、也無罪惡感！因此，女性們只能自保，堅守分際或保持距離，不受「虛榮」的誘惑、「情感」的牽繫；否則，出了事，既無法律可保障，也沒別人可支援，只有獨自承擔，暗中痛苦、哭泣！如果您還不明瞭喇嘛「性侵」的伎倆，網友為您整理了幾個要點，請謹記在心，當作自衛保身符，也請轉告您的女性親友，提高警覺！

1、如果您接觸到了藏密喇嘛，這個喇嘛說你很有慧根，與他有緣，甚至要你做他的妹妹時，您萬萬不要答應，那這位喇嘛就很可能看中您的姿色了，想要與您合修雙身法，想讓您成為他的明妃空行母了。

2、如果您接觸到了藏密喇嘛，這個喇嘛要讓您獨自去他的房間，或者進行要您與他獨自共處的暗示；您千萬不要去，就是去，也要叫人陪同，最好是叫幾個同伴陪同，千萬別獨自前往，否則就上了這喇嘛的套了。如果單獨進入這位喇嘛的房間，那就是開始眞正實施雙身修法的時候了，屆時恐將悔之晚矣！

3、如果有藏密喇嘛給您吃什麼甘露丸還是什麼藥丸的東西，縱然這些藏密的喇嘛們說這些藥丸有多麼殊勝，您千萬不要接受，更不要吃；因爲其中的成分絕對不是什麼好東西，因爲密宗所謂的甘露丸乃是尿、屎、骨髓、男精、女血製成的，皆是污穢之物。

4、如果有藏密喇嘛與您套近乎，要傳您秘密灌頂，您千萬不要相信；因爲這位喇嘛是要讓您供養他，換句話說，就是要您和他共修雙身修法。因爲密宗有規定，想要得秘密灌頂者，弟子要把自己的姐妹、女兒或妻子供養給上師，並要與上師合修雙身法，方得傳授秘密灌頂。

5、與藏密的喇嘛相處千萬不要透露自己的財務狀況，如果這位喇嘛知道了您的財務狀況，他必定要做種種暗示要您把您的錢財捐出來，或說修廟，或說救濟某某貧困覺母等等；總之是不把您的錢財榨乾，是不會罷休的。

6、與藏密的喇嘛相處，千萬不要輕易透露您的詳細家庭住址，藏密宗徒，瞋心極重，倘若您與他相處久了，後來對他起了疑心，而又離他而去，他極有可能會對您即使沒有人身上的傷害，也會進行種種騷擾，如藏密宗喀巴就在《密宗道次第廣論》中教唆弟子：「汝可殺有情，受用他人女，不與汝可取，一切說妄語。」甚至可以用誅殺之法誅殺異己，所以您的家庭住址，電話、QQ號都不要輕易透露給他。

以上所說這些注意事項，主要是針對佛法的初學者，對藏密邪教了解不多而又接觸到藏密喇嘛的女同修們，當然最好的辦法就是不要相信藏密，遠離藏密，遠離接觸藏密這樣的惡緣。現在被藏密喇嘛教騙財騙色的女性實在太多了，她們本來都是懷著一顆虔誠向佛之心，卻被這些混我佛門的外道所欺騙。不但失財，且又失身破戒，讓人為之氣憤！不要認為這些騙財騙色的喇嘛都是個別的，或者是冒充喇嘛的假喇嘛，因為**藏密的教義就是這樣教導的**：教導要與女人行淫，教導要與女人合修雙身，並編造種種美麗的謊言。

……藏密密灌頂需要容貌美麗、生殖器官沒有疾病的年滿十二歲的童女。最大還不能超過二十歲的童女合修雙身法（二十歲以上的只能用來做其他修行用了），而且也可把其姐妹或女兒或妻子奉獻給上師合修雙身。眞是污穢邪淫之極致！當今恐怕還沒有哪個邪教頭子、犯罪分子敢與之相比者！

而且如果您一旦信受了藏密，首先要做的就是要供養上師，要伺候到上師滿心歡喜，不但要供養錢財，還要供養自己的身體。……藏密喇嘛上師要弟子得要奉獻、供養妻女、財產田地來取悅上師、令上師歡喜，把上師供養歡喜了，會有好事。有什麼好事？所謂的好事就是上師傳授異性師徒淫淫相傳的【雙身法】！

總有不明藏密眞相的學人，認爲被新聞曝光的一些喇嘛活佛、仁波切的性醜聞只是個別現象；可其實不然，暴露出來的只是藏密黑幕的冰山一角而已，藏密的教義從始至終都是圍繞者密宗的雙身修法，大淫大貪而展開的，蓮花生、宗喀巴都是忠實的奉行者。蓮花生、宗喀巴等藏密祖師的雙修記錄都忠實的記錄在其著作當中，世人皆可查證！

總之，藏密喇嘛邪教萬萬不可信，失財是小，失身破戒是大！奉勸學人，尤其是女性，莫入藏密喇嘛邪教！

（〈信佛女性接觸藏密喇嘛時，要多加小心〉，http://web.wenxuecity.com/BBSView.php?SubID=religion&MsgID=518203）

類似的伎倆，層出不窮，而目的卻是相同——與異性合修行淫的雙身法；您不妨多瞭解，可強化免疫力：

1、見面開口第一句話或沒多久說：

A、我的弟子，你來了！

B、你是我前世的弟子，今世跟我回家吧！

2、給弟子授記，今生會如何如何地成就；並給予前世身分的肯定，是某某某位成就者轉世，來此世間是有任務的，完成任務後便不用再來了（有時是暗示，最鬱悶的是，到目前爲止我所遇到被授記的基本都是女性）。

3、述說最近有什麼大善事等著他去做，可是苦呀，沒錢呀，那麼大的工程等著他湊錢完成，以便今後可利益更多的眾生。……

4、經常說自己聚了多少多少錢而做了多大多大的善事，爲國家、爲眾生做過哪些豐功偉岸的事蹟。……

5、對年輕女性提出性要求，並說這是幫她修行最快的一種方式，這種女性先會給予空行母身分的肯定。

6、主動索要供養，並說這是護法的需要，因爲這個法是甚深密法，是需要用黃金或財物來供養才能得到。

7、否認戒律，並引導弟子破戒、說、做與戒律相反的話或行爲。

8、說弟子前世修行基礎好，根基好，可以不修加行或不修成就。

（〈一位網友所知的「精神騙子實用伎倆」〉，http://blog.sina.com.cn/s/blog_4899c6180100860g.html）

尤其是這一篇，從人性的迷妄與藏傳佛教（喇嘛教）的藉口，深入分析，讓我瞭解爲什麼人們易受誘騙，以及喇嘛教義的邪淫之極、荒謬之至；

正常人讀了，必可看透他們的「魔性」深重，全然喪失人類的良知與情感，只能說是魔界轉世，穢亂人間，以各種「邪見」「蜜語」迷惑人的心智，凌辱人的身體；就如催眠或病毒，讓信眾不知不覺的被說服、被控制而變成了魔子魔孫！眞是可怕又可悲啊！請仔細閱讀，小心防範！

爲了宣揚自宗的雙身法，冠之與種種名相藉口，以此將雙身法加以『合理化』，以諸淫事而與諸女性弟子『結緣』。

1、宣稱「行淫是爲眾生消業障」。如藏密上師在《那洛六法》一書一九五頁云：「丹田火熾，白菩提心（精液）化而上下之時，貪心自然生起；蓋吾人之貪心從無始以來已有之，根深蒂固不易盡除；苟善於利用，則可轉成智慧，猶如清水加以甘露，即變成甘露，頑鐵點以金藥即變成黃金。倘行者久修菩提心，則八萬四千煩惱根本之貪瞋癡慢疑五毒均可轉成菩提妙心。夫白菩提心者（男性精液），即利益眾生也：修丹田火時手抱明母，不知之人以爲行淫。殊不知此中別有深意：交而不泄，一心利生，完全爲消除眾生之業障也。苟能心存利生，則殺盜打罵亦無往不是「菩提妙心、眾生利益」之意也。此乃無上密宗所特有之妙義，非淺學之人所能測知者也。彼好談玄理、不尚實修者，何異數說鄰家之珍？豈如此口頭數說即可自致珍寶耶？」藏密上師謂抱明母行淫，是爲眾生消業障，並言此乃無上密宗所特有之妙義。來作爲行淫的藉口。

2、宣稱「行淫可以成佛」。藏密上師云：【行者倘能堅固修習，則抱明母時，即使精將外泄，只要拍剌（編案：爲「啪啦」之意）一聲，即可將精閉住，使不得出。如能與明母交而不泄，則成佛可必。】（《那洛六法》道然巴羅布倉桑布講述，盧以照筆錄，晨曦文化公司1994/8初版，頁188、189）藏密主張爲了讓性高潮持久不退，那就必須不射精，因此藏密主張若能與明母（與男性上師合修之女徒；若與女性上師合修之男徒則稱爲勇父）交合而不射精，必定可以成佛。以此作爲行淫的藉口。

3、宣稱「行淫是在修習大樂，是最高瑜伽密」。當代藏密第一法王流亡國外的十四世達賴喇嘛云：「而最強的感受是在性高潮的時候，這是大樂的修習，之所以包括在最高瑜伽密續中的原因之一。一般人對無上瑜伽密續中關於性以及其他的象喻存有諸多誤解。性的象喻眞正的理由，完全是因爲在四種明光出現的狀況當中，性高潮最爲強烈。因此這種象喻才用在靜坐中，以延長明光出現的經驗，或使之更清晰鮮明，目的就在於此。在性高潮時因爲明光出現的經驗較持久，因此你較有機會加以利用。」（《揭開心智的奧秘》傑瑞米海華等編著 靳文穎譯 眾生出版社，147-148頁）；藏密喇嘛如是宣稱行淫是大樂的修習，而且還是藏密最高的無上瑜伽秘密，需要長久的保持性高潮，才能更好的利用明光，以此作爲行淫的藉口。

4、宣稱「只要行淫對象是空行母，就不是邪淫」。……密宗如是別行建立自宗之十四根本戒、而爲自己行淫脫罪云：「於比丘尼、母、女、姊妹、畜生女行淫，及非時非處行淫者，若行淫之對象爲相應之空行母，淫事是相應之事業手印（是修學密法之異性或已修完起分之女性），自己並已具足起分之堅固證量者，則非邪淫，並有大功德。」故可以對已證明點及寶瓶氣之比丘、比丘尼，及母、女、姊妹、畜生女等，皆可晝夜連續不斷行淫之，名爲『瑜伽』，更甚者，如是『修行』，亦可於佛堂中行之。

由以上所略說可知，藏密如是邪淫，荒謬已極，眞是世間之最！如是密宗雙身法之邪知邪見，害人不淺——捨壽必墮地獄而受長劫尤重純苦故，此乃違犯十重戒故。

藏密宣稱行淫是爲眾生消業障，可以成佛，可以體驗大樂。更甚者，竟然可與住持三寶中之比丘尼於佛堂中之佛像前行淫，竟然可與親生尊母、至親之姊妹、污濁之畜生等，而於佛堂中行淫。如是藉口『修行』而以雙身法廣行邪淫，如是而可施設【明禁行】之密宗十四根本戒，眞是世間最最邪謬之妄想也。推究密宗作是說者，其因實是『爲密宗雙身法之邪淫犯戒解套』而說者也，其因實乃『爲密宗之推廣』而說者也。如是邪淫之雙身法、淫樂享樂之世俗法，而言是無上瑜伽最高秘密，如是邪淫荒謬至極眞是邪知、邪見、邪修、邪行、邪證之法。

顯然，西藏密宗的修行法門確實有別於一般人對於宗教的認知與想像；又或有修學藏密法門的網友未曾聽過上述行門，其實這是上師尚在觀察根器，如果對上師尚未完全信任或者觀察行者尚不適合修學，則不會給予傳授，以免將此秘密洩漏出去。

密宗之內常有上師以此雙身法之弘傳，加以『合理化』，令其弟子信受已，復以密傳雙身法淫事而與諸女性弟子『結緣』；藉此作爲日後之把柄，而令女性學人爲情所繫、難以捨離密宗男性上師。甚至有人將雙身合修之過程秘密錄像收存，若女弟子擬捨離時，則以曾修雙身法之證據而恐嚇之，以之訓令女弟子不得背叛之，令密宗女弟子不敢離去及不敢公佈密宗內之種種秘辛。比較『善良』之上師，則以之作爲要脅之物，令女弟子雖離去已，仍不敢公佈密宗實情；而可以繼續對初入密宗之學人，誑言密法爲最勝法、爲能令人即身成佛之法、爲超勝於顯教之最殊勝密法，以如是手段推廣密宗勢力。如是藏密邪知邪見，世尊早在經中預計，有智佛子當應信受……。奉勸學人，尤其是女信眾，提高警惕遠離藏密，莫去攀引密教之狼而入佛法之室！

（〈警惕藏密喇嘛上師性侵女信眾的慣用伎倆〉，http://www.bskk.com/viewthread.php?tid=179052）

西藏密宗藏傳佛教喇嘛的「邪惡」，及其對信眾的「傷害」，無所不用其極；尤其是善良無知的女性，情意深、耳根軟，一旦入了圈套，捐錢、獻身，乃至感染性病，並且被喇嘛予取予求，只爲了一個模糊而虛幻的承諾（明妃、佛母……等），卻不知那是有名無實的空頭支票，永無兌現之日！爲了保障個人的錢財、人格與慧命，女性同胞應互相轉告、彼此聯合，揭發藏傳佛教的邪惡，拒絕喇嘛的誘惑；攜手同聲，向所有披著紅僧衣的色狼說：「不」！

在台灣，某些婦女（保護、教育）團體對「喇嘛性侵」事件的反應，甚至此大部分的佛教徒更積極而確定；以下摘錄施寄青女士（曾任「臺北市晚晴婦女協會」理事長、「臺北市婦女新知基金會」顧問）發表在《蘋果日報副刊——名采人間事》的專欄文字，供作「喇嘛——騙財騙色」的佐證與參考：

只要人們心存貪念和僥倖，想不被神棍騙財騙色也難。長得稱頭又舌粲蓮花的神棍，不必用騙的，自然會有女信徒、女弟子投懷送抱。……披上袈裟道袍，自稱活佛法王轉世，身價便不同凡響，名聞利養隨之而來，飽暖思淫慾，平常染指不得的女人，這時垂手可得，最廉價的理由便是陰陽雙修。……當年紅教創始人蓮華生大士有許多老婆，這是有樣學樣。但對西藏宗教史瞭解的便知，若不是紅教腐敗，怎會有宗喀巴出來改革。以前騙色的神棍多是台灣土產，如今遠來的和尚會念經，藏傳佛教所謂的仁波切、法王大舉來台，以弘法爲名，行斂財騙色之實。……《雪洞》作者維琪．麥肯基曾在喜瑪拉雅山雪洞修行十二年，也曾被她的上師強暴，美其名是陰陽雙修，她在書中語焉不詳的略提到，但她不恨對方，也未對她皈依的宗教失去信仰。她能寬宏大量饒恕對方，展現慈悲的力量固然令人敬佩，也令人遺憾：她的作法究竟是慈悲還是鄉愿？

這事若發生在我身上，我不會把它單純當成個人的事來處理，我會追根究柢探討上師制度、宗教中性別與權力的關係，女性是如何被歧視和欺壓。不把敗類揪出來，日後會有更多受害人，她的慈悲會害到其他不知情的女性。佛法常強調依法不依人，藏傳佛教卻是依人不依法，這不是違背佛法嗎？

（〈陰陽雙修實爲強暴〉，2007/5/20／山居隨筆。http://tw.nextmedia.com/subapple/articleblog/art_id/3490634/IssueID/20070520）

藏傳佛教有佛父佛母交媾的「歡喜佛」造像，有些造像的生殖器刻劃的一清二楚，看得人臉紅心跳，有如看A片。明明是人類生殖崇拜的遺緒，藏傳佛教卻美其名爲「慈悲與智慧」，慈悲與智慧非得以具體的男女交媾來展現嗎？……藏傳佛教基本上是個大雜燴，它是西藏原始苯教與佛教、印度教的結合。……人類有高潮機制，男女交媾不只是傳宗接代，更是快樂的泉源。宗教中的極樂境界絕大多數人無從體會，交媾和情慾滿足的快感倒是多數人能體會。即便這樣，以男女交媾來形容慈悲與智慧結合的「悲智雙運」勝境，不知是對此境界的禮讚還是貶抑。

（〈好個陰陽雙修〉，2007/5/27／山居隨筆。
http://tw.nextmedia.com/subapple/articleblog/art_id/3509520/IssueID/20070527）

《壹週刊》爆料敦都仁波切假雙修逼姦女信徒一事後，記者請教在台的紅教某仁波切何謂雙修。這位仁波切表示據載，做雙修前必須先用氣功打通經脈，再用很長的湯匙穿進金剛杵（陰莖）或是肛門，讓其流血洩出濁火，然後再用金剛杵練習吸水、牛奶、酒、毒藥，吸進去到全身再從金剛杵吐出來，眞能這樣，才能和女子雙修。……最可惡的還不是陰陽雙修的法門怪異到匪夷所思，藏傳佛教一向歧視女人，女人在雙修活動中扮演什麼角色？只是供男人練法所用？女人是否也要練陰道吐納功？用陰道吸水、酒、毒藥，運到周遍全身，再用氣功吐出來。……人是情慾動物，要搞就搞吧！何必美其名陰陽雙修。

（〈金剛杵吐納，如此特異功能〉2007/7/12／山居隨筆。
http://tw.nextmedia.com/subapple/articleblog/art_id/3634272/IssueID/20070712）

一位知名的唱誦法音的仁波切與已婚女弟子在道場大搞陰陽雙修，被女的丈夫逮個正著。女弟子強調是她勾引和尚，要丈夫放他一馬，好讓他繼續弘法。女的丈夫大罵說：放過他，難道要讓他繼續勾引女信徒？……不知該仁波切的上師會如何處置他的弟子，要讓他悟到「色即是空」最好的辦法是讓他還俗結婚；女夫若是聰明人，便放她一馬，讓她與對方結合。她會發現除去袈裟和仁波切光環的上師，不過是個凡夫俗子，只因高高在上受人供養，不需面對討生活的艱辛，才有這麼多閒情玩情慾遊戲。讓他養家活口試試看，她會發現他不是救贖者，不過是好吃懶做的庸俗男人。

（〈誘僧與僧誘〉，2008/5/22／山居隨筆。

http://tw.nextmedia.com/subapple/article blog/art_id/30573889/IssueID/20080522）

高速公路上的T霸，最近又出現某聲名狼藉，自稱活佛的宗教騙子大廣告。他以性騷女信徒出名，在宗教掃黑時跑到國外；如今氣氛變了，還是回台灣撈錢，因台灣人的錢好騙。要騙信眾的錢，一定要講排場，排場愈大，信眾愈多；君不見一些著名的佛教山頭，哪個師父出門不是大陣仗？道場一處比一處堂皇。有位信徒告訴我，她師父說道場不堂皇就吸引不了信眾。這些法師不以德行吸引信眾，而是以堂皇道場招攬生意。如今台灣流行藏傳佛教，這些西藏來的仁波切、法王早有樣學樣，比台灣本土的佛教團體更會行銷。……有些台灣人到一些西藏寺廟，一進去，喇嘛就跟他（她）們說，師父等他（她）很久了，終於等到他（她）。台灣人在受寵若驚下慷慨掏銀，回台後沾沾自喜告訴別人此殊勝際遇。這些喇嘛眞是騙死人不償命。

（〈神棍愛擺排場〉，2008/6/26／山居隨筆。http://tw.nextmedia.com/subapple/articleblog/art_id/30688938/IssueID/20080626）

自達賴流亡海外後，活佛、仁波切轉世的地方已不限於傳統藏傳佛教的地區，甚至有西班牙的洋小孩被認證爲某西藏活佛轉世。這也是藏傳佛教推廣至全球的一種手法，有人諷刺爲何這些高僧只撿文明的地方轉世，而非非洲最落後的地區。……台灣人獲得某仁波切轉世認證後，自然在藏傳佛教某宗派中獲得一席之地，名聞利養隨之而來。有人得到認證，自然有更多不服的人出來攻訐，雙方便在網路開戰，還在報上登全開聲明，懸賞兩千萬美金（約6．4億元台幣），要攻訐的人拿出證據，在整篇聲明中動輒指對方是妖孽。……其組織可以懸賞兩千萬美金，可見牽涉的利益太龐大了。台灣人的錢眞是好騙。他果眞是轉世高僧，應將兩千萬美金捐給失學孩童或濟貧，而非以兩千萬美金來證明他是某仁波切轉世。

（〈假的眞不了〉，2008/10/9／山居隨筆。

http://tw.nextmedia.com/subapple/articleblog/art_id/31030141/IssueID/20081009#）

中國人深受武俠小說「秘笈」的影響，所以容易上「密法」「秘方」的當。就算有「秘笈」，個人天賦、體能不一，秘笈怎可一體適用？……如今藏傳佛教在台灣大行其道，大多數人根本不知何謂密宗、密法，於是神棍有了很大的操作空間。教個手印收多少錢，教句咒語多少錢，請尊法器、佛像更貴，灌頂要隨喜多少。換言之，沒錢休想接近佛法。佛法變成昂貴的商品。

（〈狗屁倒灶的密法〉，2009/2/12／山居隨筆。

http://tw.nextmedia.com/subapple/articleblog/art_id/31385771/IssueID/20090212）

台灣最近有團體出面揭發許多來台弘法的喇嘛、仁波切如何招搖撞騙，住高級飯店，以傳法、灌頂、男女雙修，騙了不少信眾。其中包括寫《西藏生死書》的作者索甲仁波切以及有名的梵唱者貝瑪堪仁波切，還有所謂的時尚活佛盛噶仁波切。……那些喇嘛、仁波切、法王以神道設教要信徒供養，愚弄信徒，姦淫婦女，還美其名爲雙修。日本A片百無禁忌，卻不敢拍出家人的春宮。他們若拍男女雙修，邀請這些喇嘛披掛上陣，一定大賣。這些搞男女雙修的喇嘛也可藉此另闢財源。若男女雙修可以證得佛果，A片演員個個都能立地成佛。

（〈色不異空〉，2009/8/27／紅男綠女。2009年08月27日蘋果日報 http://tw.nextmedia.com/subapple/article/art_id/31893118/IssueID/20090827）

最後，附錄一篇文章，這是由「現代婦女基金會」撰寫，針對「假宗教之名，行性侵之實」的案件，關於「犯罪手法」及「被害心理」的分析，女性同胞或可從這裡得知一些正確的「自衛」常識。

現代婦女基金會受理服務的性侵害案件被害人已有二十年，在筆者十五年的工作期間，亦協助多起宗教性侵害案件的被害人，其中遭受利用的宗教類別多樣，不乏著名教別，案件至今仍在審理中。這些以「宗教儀式性侵害」（ritual abuse），其特質就是藉由神職人員和信徒間的權力不平等，使神職人員利用超自然或宗教信仰的藉口，讓信徒受害者因害怕「神的懲罰」，而順從加害的神職人員的侵害。再加上我們社會對性侵害受害者常有「受害者沒有極力反抗，就表示自願」的迷思，受害者因爲怕受到二度傷害，經常不敢對加害者貿然提出告訴。……

犯罪接觸手法分析

在相關以宗教之名行性侵的手段，其犯罪接觸手法，分析如下：

1．**籠絡虔誠人士，尋找接觸對象**：通常宗教性侵加害人，會先行選擇對其信任的信仰者，並對其灌輸神力，使信仰者接受加害人所持的神力，並對其相關要求予以合理化。在加害人獲得絕對支持及擴大信任圈後，才會透過最信任的「親信」，藉其滲透他人，以獲得更多信徒的投入，並找尋下手的對象，而此對象必須絕對信任，不能有任何疑慮者。

2．**賦予神職，強化信任圈**：在尋找接觸對象後，加害人會賦予被害人在宗教形式中相關的神職，協助處理「公務」，一方面以使更能接觸被害對象，並且能強化被害人或被害群體的信任感，以形成無法攻破的信任圈。

3．**過程神格化，降低疑慮**：在選擇侵害對象之被害人後，加害人會對一切侵害行為予以神格化，使其接受這一切是上天或神明的選擇或安排，非平凡人所能理解，並且這一切有助於世人問題的解決，並且能夠降福於個人或他人，使被害人誤信並降低相關疑慮。

4．**恐嚇威脅，進行人格迫害**：如果侵害行為有人質疑或反抗，加害人便進行對反抗者的人格迫害，指稱其遭惡魔控制，或無緣無福參與其間，並且教唆他人遊說返回。如有不從者或反抗行為更劇者，則依然以「上天懲罰」或「神明降罪」等名義進行恐嚇威脅，並釋出相關反抗者惡果案例，令被害人擔憂遭受懲處而不敢吭聲。

被害人不敢申訴或報案的原因

1．**被害人常因猶豫而延誤驗傷或報案** 在宗教性侵害案件中，受害者不一定會有明顯的生理傷害，可供驗傷或鑑定的證據發生。其原因，常是宗教性侵害案件，加害人的性侵過程，常以詐術讓被害人感受得到「特別的照顧」，因此常常喪失第一時間驗傷的契機；或者因性侵害過程，身體上並無明顯的暴力傷痕，被害人往往不知是否已構成性侵害的刑事案件，而感到猶豫、害怕、不知該如何自處，也有些案件，被害人在長期的詐騙或控制之下，並不會再至醫院驗傷，甚至不敢告訴他人，導致驗傷的時機已拖延許久，通常此類案情多在他人揭發情況下，才願意以司法程序處理。

2．**下藥迷奸、裸照曝光、威脅恐嚇，被害人不敢報案的擔憂** 由於以宗教實施性侵害案件的類型非常多元，例如以宗教神旨之意，或因宗教治療的需求需陰陽結合等。更有些宗教性侵害案件，不僅以宗教名義權力進行「控制」，更會在過程中拍攝裸照等，便於未來持續威脅、恐嚇被害人，讓被害人成爲長期的禁臠，此類情形，更讓被害人擔憂裸照或案件曝光，而不敢報案。

3．**騙財騙色，迷信的後果，被害人雙重損失不敢告訴家人**　某些宗教性侵害案件，通常被害人在開始接觸時，會介紹家人、朋友一起參與。並且過程中會要求「共修」，捐獻許多宗教獻金。然而當被害人在受到性侵害時，深覺不僅個人名譽、金錢、身體自主權都受到傷害，甚至擔憂其他共修（者）知情後，會更加責備被害人，因而選擇緘默與加害人繼續維持假象關係，這也讓被害人不敢求助於他人或報案。

4．**報案後不僅與加害人對立，甚至要對抗其他信徒**　在宗教信仰的狂熱與追求下，教徒團結的力量，常是處理宗教性侵害案件的主要壓力來源。由於宗教性侵害案件被舉發或報案後，被害人要面對的壓力，不僅來自於家人的不諒解，司法程序的二度傷害與壓力，還要面對其他信徒的責備與怒罵，有時這反而是被害人放棄申訴或報案的主因。

以上分析，筆者期將這些不肖人士，利用宗教的神格化的權力與壓力的犯案模式，與社會大眾分享，希望我們在選擇宗教信仰過程中，能多一分「理性選擇與判斷」，以避免受害，更期待被害人能勇敢面對，以糾舉假宗教眞性侵的僞宗教人士。

（姚淑文，〈宗教儀式性侵害不可輕忽〉，女性電子報 243 期，2007.06.18 新聞前線，http://forum.yam.org.tw/bongchhi/old/tv/tv242.htm

（作者爲現代婦女基金會副執行長 http://www.38.org.tw/Page_Show.asp?Page_ID=486）

五、結語

二〇〇八年三月十二日，各大報紙以醒目的標題、清晰的相片，報導了這樣的消息：「喇嘛搞上人妻　手機實況轉播」（自由時報／社會焦點B1）、「仁波切搭女信徒　弘法弘上床」（中國時報／社會新聞A12）、「仁波切與信徒通姦　呻吟聲洩底」（聯合報／社會A12）……，新聞主角是「藏傳佛教紅教貝瑪千貝仁波切」，是法王認證的「轉世活佛」，是「甯瑪巴白玉傳承在印度南卓林寺中資深堪布之一，也是該傳承目前在臺灣的重要代表」，曾獲「第十二屆金曲獎」最佳宗教專輯獎及最佳演唱人獎，「法音遍及英、德、法、希臘等國，深受各國弟子恭敬與愛戴」；消息傳來，「不少密宗界人士對此也大感意外，表示貝瑪千貝仁波切佛法精深，在國內外都擁有相當高的知名度，地位也頗爲尊貴」，「會發生與女信徒通奸的事，應是在靈修過程中意外出了狀況。」……。這是在卡盧、索甲、林喇、楊鎬、拉秋、敦都……之後，又一件令人痛心的「仁波切邪淫」事件！

這不是史無前例的個案，既不能托詞「擦槍走火」「純屬意外」而混過，更不應嫁禍「假喇嘛」、「不肖上師」而撇清；因爲「喇嘛性醜聞」頻傳的關鍵，在於藏傳佛教「靈修」的核心理論與終極導向，就是眞槍實彈男女交合淫欲的「無上瑜伽」，以及掩耳盜鈴的「三昧耶戒」，這提供了他們引誘女弟子自願或非自願的獻身，與上師合修的神聖藉口、與無罪心態，因此他們全然不在乎世間法極力聲討的邪淫與亂倫，還用「佛教」名義來宣傳。尤其是那些已修完前行、氣脈、明點、灌頂與口傳，得了堪布頭銜——所謂「佛法精深」的高階密行者，下一步修行與教授的重點，就是男女性交雙身法——它的具體內容與教法來源是什麼呢？

「邪淫」有理、「亂倫」無罪？

藏傳佛教主要是傳承於印度後期的密教，又雜糅了當地的民間信仰，借用佛教的名相，以抽象的理論及複雜的儀軌，顯現了曼茶羅的華麗／詭異；而它的核心卻是「男女雙身性交淫樂」法——他們把「男女性交」玄學化爲宗教儀式，且標榜可以藉此修行成佛。因此，這些所謂道行高深的活佛、法王、上師、喇嘛們，只要有機會，就競相誘導信眾以宗教理由提供色身，共修雙身法——這是落差很大的場景：平時高踞法座、道貌岸然的師尊，脫下戲服，露出性器官與女眾行淫之時，那種姿勢、表情與心念，其實與凡夫乃至禽獸，並無兩樣。縱然再怎麼裝神弄鬼的邊做愛邊持咒，或變換各種招式、強忍不射精以延長樂受，如此你來我往、劍拔弩張的結果，也只爲了生物衝動的瞬間發洩。熟悉性欲之事的成男熟女，對這種日常行爲，大半不再有多餘的想像；卻被藏傳佛教的出家人、宗教師奉爲至高無上的修行，眞不知是色欲饑渴或智能障礙，刻意將這原始本能提升於宗教層次，以便於配合空虛玄秘的教義，完成所謂的虛實相含、靈肉合一的妄想。

藏傳佛教的核心教義如是，實際修行亦如是，在他們的集體認知中，女信徒提供色身供養喇嘛合修樂空雙運，這是理所當然、行所應行的；很顯然，藏傳佛教從法義理論、行門及修行的成果來看，也就是從裏到外加以檢驗的結果，可以確定絕對不是佛教！可憐的是不明就裏的信眾們，被外表的包裝所欺騙，入了藏傳佛教，也搞不懂其實不是佛教，多以爲是佛教的最上乘，就跟著盲修瞎練，至少在欲界身心及表相上得到某種滿足，也就越陷越深、不疑不慮；乃至於貢高我慢，滅裂傳統佛教、貶低大乘顯教，不僅破財失身、犯戒造罪，又成了毀佛謗法的同路人！

「喇嘛性侵害」實錄—略表

這裡參考《自由時報》及其他媒體所刊載的「喇嘛性侵」事件，整理出一張檢表：

- 二○○八年03月：出生印度的「貝瑪」堪布仁波切，與黃姓婦人於道場發生關係，遭婦人丈夫當場舉發。
- 二○○七年04月：自稱是達賴認證的活佛、來自西藏在臺灣傳法的「敦都」仁波切，以「雙修」爲名，不只對女信徒性侵未遂，甚至還亂搞男女關係，有多名女子受害。
- 二○○六年07月：中國「林喇」仁波切在台弘法，借機侵多名女信徒，還說他的精液（甘露）吞下後可得到最高加持。
- 二○○六年04月：時尚摩登的西藏活佛「盛噶」仁波切，遭北台科大教授江燦騰抨擊，他在台亂搞男女關係。

●二〇〇四年12月：臺灣籍喇嘛「楊鎬」，涉嫌連續對兩名女子性侵害。

●二〇〇二年10月：瑜伽老師向警方指控，遭由印度來台弘法的喇嘛「圖登旦曲」性侵害。

●二〇〇二年10月：（香港訊）女商人自爆與來自中國成都密宗大師「義雲高」發生性關係，聲稱還拍下交歡錄影帶。——〈新明日報〉報導

●二〇〇一年06月：尼泊爾籍「楚姓」喇嘛被張姓女子控告騙婚及詐欺。

●二〇〇〇年06月：來自尼泊爾的「拉秋」仁波切，被控對一名婦人性侵害。

●一九九四年11月：《西藏生死書》作者「索甲」仁波切遭控告性侵害。一名婦女在美國加州山塔庫魯斯郡向法院提出一樁求償千萬美元的官司，她聲稱遭受到《西藏生死書》作者索甲仁波切的脅迫與性侵害。——〈三藩市 Free Press〉報導

（參考：自由時報及其它媒體刊載匯整，本帖最後由 象山玄 於 2008-12-30 15:04 編輯 http://www.mxzjnet.org/bbs/viewthread.php?tid=513&extra=page%3D1）

這雖然是一些舊聞，但犯案者不乏地位崇高、聲名遠播的喇嘛、仁波切，例如：索甲仁波切，根據當事人指控的罪名：「肉體、精神、性行爲上的虐待」及「欺詐、毆打、造成精神性傷害及違反信託義務」，完全看不出他們在基本人格上的高尚、溫柔、誠實，更別說在宗教修行上的自律、智慧與慈悲，眞像是「**披著羊皮的野狼**」！而身爲西藏政教最高領袖的達賴喇嘛，卻心照不宣，都無約束。是默許或無能？喇嘛教的高層如此欺人太甚，您還能信賴這種邪教，提供各種資源與心力，而助長他們的淫威嗎？

也就是說：藏傳佛教的修行者確實是喝酒、吃肉、廣行邪淫的，並且視爲修行的方法與必要；而酒、肉、女性、及其他用途的錢財，則由信眾們完全提供：利用信眾的身體、有情的生命來滿足他們變態的性欲（邪淫）與貪婪的食欲（殺生），只在乎自己泄不泄、樂不樂，卻無視於對方的羞恥與恐懼；可說是「被使用者」付費——至於他們是如何自我圓謊？又回饋了信眾什麼？事實上，只有花言巧語的誘騙、疾言厲色的恐嚇，讓人又迷又怕、半推半就的成了任他宰割的羔羊！您甘心嗎？眞的情願嗎？

您或許還沒有接觸，但不能不知道：因爲「藏傳佛教」已經流行全世界，並入侵臺灣許多年；越來越多被奉爲神明的活佛、仁波切，隨時隨地在打量我們的婦女眷屬——母親、妻子、姊妹、女兒，準備以宗教的名義誘姦她們「合修」雙身法，而且用過就丟！您願意糊裡糊塗的受害嗎？層出不窮的「喇嘛性醜聞」，見於報導的只是冰山一角，卻值得我們警惕：藏傳佛教的本質，說穿了就是邪淫、亂倫、召鬼、詛咒、殺生、妄語、喝酒、吃肉、謗佛、破法……，有時還在祕密灌頂的第四灌完成以後，召集已經完成密灌的藏傳佛教男女徒眾一起在佛堂中輪座雜交，眞是群魔亂舞、淫欲氾濫！這是什麼宗教啊？藏傳佛教其實是遠古的「鬼道巫術」包裝之後，穿越了時空，來到今日世界，打著「佛教」（金剛乘、密宗）的旗幟，公然荼毒文明人！與佛教的三乘菩提教義反其道而行，以「荒淫無度」爲最高修行、以「鬼神附身」爲究竟成佛、以雜交獲取長時間的身體淫樂當作成佛。藏傳佛教密宗自創了一套又一套玄秘的理論、複雜的儀軌來矇騙你、籠絡你，乃至恐嚇你，讓你半推半就的墮入其中，最後成了同路人、共謀者！若不警惕在心，互相告知，類似的性侵害事件，將令更多人無辜受害！誰希望經常在新聞上看到這類報導呢？誰願意自己的妻女成爲喇嘛胯下的明妃、佛母呢？

大驚小怪？理所當然？

曾聽說，有人認爲西藏是『佛法』最興盛的地區——從古至今，「活佛」輩出！所以要發願永遠「轉世」到西藏，繼續的學習並傳播「佛法」！這眞是多劫以來，錯認佛法，今生仍舊誤解，隨習遷流，未來世又自然趨向，邪見種子越熏越多，勢力越強，何時能出輪迴？可悲。

西藏與臺灣的佛教信眾，對「上師與弟子的（男女）性交、雙修」的觀感，應歸爲「文化差異」而各行所是、互相尊重？或視爲「教義簡擇」而公開辯論、勘正是非？若是前者，則藏傳佛教可正名爲「喇嘛教」，與「佛教」區分，且不再套用佛教名相、混淆視聽；從此以後，各傳其教、各度有緣！也就不再有顯教與密教之間的法義辨正等事。若是視爲後者，當藏傳佛教一向自稱爲「佛教」，且高推爲佛教之「金剛乘」「無上瑜伽」「最上乘」時，則須以佛教內共許的「聖教正理」爲根據、爲驗證；且須宗通、說通，不得有任何違背佛說或自相矛盾之處；所謂利己、利他之時，也必須絕無絲毫扭曲教義眞相、誤導信眾之事。

個人認爲，臺灣教徒還不至於大驚小怪，西藏民眾也不可能視爲當然（他們也是受害者）——關鍵在於知識的傳播、信仰的提升——臺灣的社會大眾經過儒家文化及漢傳佛教的長久熏習，多半有「萬惡淫爲首」、「邪淫墮地獄」的觀念，且民風純樸保守，再怎麼也不相信「男女性交」是修行且能因此成佛；縱然有人公開這樣傳教，臺灣人也大多遲疑、不敢，除非軟弱無知而被逼被騙，或心術不正而同流合污；何況，臺灣也算是多元開放的社會，民眾可選擇、替換的宗教很多，不像西藏獨尊藏傳佛教，可討論、求證的空間也大，藏傳佛教還不至於大張旗鼓的宣揚其邪淫雙身法，觸犯臺灣信眾的禁忌，因此大多遮遮掩掩暗傳雙身法，而仍然常常爆發喇嘛性侵婦女的事件；但爲了預防更多婦女受害，我們應更進一步明確而詳盡的揭發藏傳佛教隱藏在「佛教表相」背後的陷阱，讓遲疑者堅決遠離，誤入者及時回頭。

臺灣佛教徒長期以來，樂善好施、虔誠向道，這樣共同累積的福德，必將感得佛菩薩的加持護念，及善知識的教導指引，於學佛修行的路上，終必歸向正法，成滿善願。藏傳佛教的邪淫之術，雖以神秘絢麗的包裝，藉人們心中貪財貪色之原習，暫時乘虛而入，吸引了少數無知而好奇的信眾；但是其法義的破綻、醜聞的頻傳，經過有識之士的辨正、傳播媒體的報導之後，不可能繼續長期欺瞞、誘惑臺灣的佛教徒！而，你、我各位佛教的正信教徒們，爲了佛教正法的存續，也爲了不讓身邊的眷屬親友枉受其害，都應該理性而勇敢的面對藏傳佛教、查明眞相，還世間一個公道、給信眾一份信心！不是嗎？

即身成佛？別傻了！

遠來的和尚未必會唸經，何況唸的是「愛經」、「慾經」、「素女經」乃至「性交經」！且說藏傳佛教的喇嘛們將難得而可貴的人身，浪費在動物本能的「淫欲」上，已是愚癡低級了；卻又辛苦的煉氣功、修吐納，只爲了憋住精液、持久不射，想證明什麼呢？證明男性的虛榮與貪欲？而這件事又需要大量的女性來墊底，也需要大眾辛苦賺來的大量錢財來支持，所得到的成果卻是與佛法的修證完全無關的閨房淫技感官之樂；這其實是單純原始的性衝動和追求性慾滿足方法的低等生物本能，卻被包裝、修飾得如此崇高、神聖，號稱爲「無上瑜伽」，還抬出「法王」「活佛」的帽子嚇唬人，果眞是「匪夷所思」！依正常人看來，這種變態褻瀆的言論與行爲，不要說什麼即身「成佛」，只恐來世保不住「人道」而必須下墮於畜生道中，再去求性慾的滿足也！

現在網路上有很多專門在「修理」喇嘛教的，或對藏傳佛教的理論提出質疑，或對喇嘛的行爲不以爲然，各有偏重，也有學過「藏傳佛教」的人出來作證；看起來，這些懷疑與反感若再累積下去，或許會形成一股「全民運動」的風潮！當然也還是有許多不明就裡或別有所求的人（譬如開設密宗佛堂來賺錢），繼續停留在藏傳佛教道場，支持他們傳教，提供所需的資金與設備，讓實質是喇嘛教的藏傳佛教上師、活佛、仁波切等，繼續在臺灣騙財騙色；但是，沒關係，「邪不勝正」、「騙不持久」，臺灣人正面臨了世界性經濟海嘯的考驗，錢少了、工作減了、食衣住行困難了，或許人也變得更謹慎，想法更踏實，對宗教信仰的熱絡與迷惑，或許也會因此緩和、清醒些——再也養不起這些貪得無厭的藏傳佛教喇嘛們，供他們需索無度的揮霍了！何況，這些外來的「和尚」只會撈錢和免費玩女人，卻不負責任，也不跟你同甘共苦；哪一天，覺得臺灣沒油水了，就轉移陣地繼續行騙，坐飛機直飛歐美，連臺灣也懶得過境了！到那時，或許是臺灣人的福氣，卻也很悲哀：爲什麼總要被遺棄之後，才會痛定思痛、看清眞相呢？

黃沙百戰穿金甲，不破邪密誓不還

雖然佛教界這麼多有心人，從各方面破斥藏傳佛教（喇嘛教）的邪說，也分辨了「佛法」與「喇嘛教」的差別，卻仍喚不醒盲從者的心眼；尤其是來自邪淫法故鄉的藏地喇嘛，不僅自己邪箭入心，難以拔除，且是性病的病毒帶原者，所到之處，隨意散播，受害的密宗信徒又將病毒輻射出去，成了交叉傳染、互相助長；而人數越多，就形成一股邪氣，籠罩了人心，更難理解、信受正法的知見。看來，我們要有更堅定的長遠心與受生願，才能與這些蒙受佛恩、卻敗壞佛法的野干們，周旋到底！平實導師言：

當眞悟的佛弟子出世弘法度眾已，想要抽腿已經來不及了，因爲根本抽不了腿，眞實佛弟子根本不會放你走呀！而且你也不可能丟下求法若渴、求法心切的一群人啊！最後只好認命，繼續弘法度眾的事業；故知，佛弟子並非悟後就可以躲在深山中輕鬆度日的。而弘法度眾的事業與世間法的事業不同，不但不能退休，而且也不會有退休金，一切都是義務性質的，是永遠的義工。

（《金剛經宗通》聽講心得〉，98/03/24，http://www.wretch.cc/blog/studydiaries/32080510）

有人抗議說：「每個宗教，都有害群之馬，不可因人廢教、或以偏概全；你們借少數的性侵害個案而擴大批評藏傳佛教，是一竿子打翻一船人！」面對這種質疑與反駁，末學粗淺的回覆是：每一年或半年就有喇嘛性侵害事件爆發（未爆發而被隱忍下來的事件更多），不明眞相的人，就會推說是「假喇嘛」所爲；而實際上這些「現行犯」本來就是眞喇嘛！因爲，藏傳佛教的終極法門，就是『雙身』法——男女眞槍實彈的性交，爲的是成就達到遍身淫樂的「即身成佛」的妄想。因此，當務之急，先轉錄相關的新聞報導，提出警告，減少無知的受害者，然後，漸次撥開藏傳佛教『揑造慈悲』的迷霧，揭發喇嘛『詐現智慧』的假象，讓大眾們看清這些光芒的背後，隱藏了什麼荒謬與淺陋的教義，才會知道他們所謂的智慧與慈悲，並不是佛教中講的智慧與慈悲。

「雙身修法」在藏傳佛教發源地，是公開的教義與行門，但到了民風純樸的臺灣，不得不作了適度的隱瞞，轉爲暗中進行；於是，層出不窮的「喇嘛性侵女信徒」事件，多半被喇嘛們扭曲報導爲不肖分子（假喇嘛）的個人行爲，然後不知道內情或者裝迷糊的新聞媒體，隨即跟著報導爲不肖分子冒充的假喇嘛的個人行爲；然而，深入修學藏傳佛教的人都曉得：藏傳佛教的基礎與精華就是「雙身法」——追求全身遍樂的性交，而且是每天都必須如此，這是他們最自豪而不共他教的密意。若抽離了「雙身法」，藏傳佛教就沒有中心思想可說。宗喀巴《密宗道次第廣論》大言不慚地說：「修此雙身法者，今世就可成佛。」而且要求喇嘛們必須每天如此受用別人的妻女，以此來迷惑信徒——根源於男女性交的雙身法而發展出「即身成佛」的理論，將來修練成就的「莊嚴報身」也是男女行淫的雙身像。藏傳佛教一切宗派之修行理論及法門（如念咒、脈氣、拙火、明點等），都是爲雙身法服務的，皆以此雙身法爲最後標的；也就是借助之前的鍛鍊，讓自己於實修雙身法時，可以令此「性快感」擴及全身，每天長時間處於「性高潮」之中，並反觀此時的心中「只有快感高潮」……。

以這樣的教理爲根據，每一位精進修學的藏傳佛教行者，遲早都要面對這樣的「實修」——所謂的這「一船人」就是接受同一種教義，而進行同一種活動的團體。除非你瞭解男女淫欲的本質而厭棄、跳船，跳則「上有好者，下必從之」：發生在這些帶頭掌舵者（上師、仁波切、喇嘛）身上的性醜聞（其實是強迫性質雙身法的曝光，性侵得逞而保密失敗），仍將被追隨者群起效法；只可能有兩種例外：一、層次低，沒資格修雙身法；二、有資格，沒機會實修（找不到交淫的物件——明妃、佛母）；因此，可說「是不能也，非不爲也。」

近年來高居臺灣市面排行榜的藏傳佛教書籍，包括黃教法王達賴喇嘛的著作，或明或暗、夾敘夾議的吹擂「男女邪淫」；誘導信眾，墮入雙修成佛的幻想中，供喇嘛們行淫。因此，我們可直接從藏傳佛教的「核心教義」與「高層領導」，一竿子打下去，顯發眞相！藏傳佛教學人若不想被一起「打翻」，可重新檢視自己所學的內容是什麼？所弘揚的內涵、宗旨是什麼？與佛陀傳下來的三乘菩提教義及實證內容是否相符？並理性地觀察：喇嘛上師們下了法座之後，日常行爲及與信徒的互動，是否如顯教正法所說的清淨無邪？考察確定了，再抉擇個人的去路。

不要淪爲下一個受害者

您或可不同意這些發自肺腑的呼籲，但還是再次告訴您：所有的藏傳佛教喇嘛都相信「雙身法的全身遍樂」是必要修的，他們散布全世界，穿梭人群中，隨時隨地都在物色明妃、佛母人選，願每個人提高警覺，不要**成爲下一個受害者！**

因爲，有太多的事例足以證明此事（邪淫雙身法、性侵女信徒、古今上師的著作說明）不僅與藏傳佛教有關，而且是藏傳佛教的專利；因爲它有自成系統的「教理」、源遠流長的「傳承」爲基礎，在西藏的歷史、社會中，或已司空見慣，乃至於理所當然；而隨著藏傳佛教的弘傳於全球，這種教義與行爲，也漸爲世人所知，只是驚訝大於信受、好奇多於提防，因此，多少有著「既期待、又怕受傷害」的心理：西藏文化與世界主流隔絕太久了，突然因政治問題而頻繁的出現在國際舞臺上，散發著古老的魅力與神秘的想像，讓西方人既難以排拒，又不易搞懂。於是，依現代學術的慣例，先承認、接受之後，再研究、瞭解，最後才下評斷。

然而，走出西藏向國際求存的政治領袖與宗教導師們，多半有深沉的心智與敏銳的眼光，很快的摸熟了西方人忙碌的意識死角，在一切可能觸犯「理性、民主、平等」之忌諱的地方，總能先發制人、集體應對，不讓學者們有存疑求證的機會或發言批判的空間；既擅於模糊焦點以誤導研究者，更懂得組織信眾以圍堵質疑者；若不慎爆出意外，先是矢口否認，謊稱是假喇嘛所爲；有時是斷腕求生，所謂「一床錦被遮過了」，若無其事、漸漸淡化。馬兒繼續跑、油價繼續漲，每個人的麻煩已夠多了，誰有閒情管「他家」的事？而以此爲專業的藏傳佛教上師及護法們，多的是時間與心思，可好整以暇的培養接班人、廣設密教道場、號召有緣人……。眞是：嗚呼哀哉！

生憐憫心者，菩薩也

不論您學不學佛，秉著「人同此心、心同此理」的天性，都不忍也不願目睹我們所擔憂的事件被漠視、被縱容，而不斷的發生吧！

《金瓶梅》被多數人說是「誨淫之書」，但也有爲它解嘲的，如東吳弄珠客《金瓶梅序》云：「讀《金瓶梅》而生憐憫心者，菩薩也；生畏懼心者，君子也；生歡喜心者，小人也；生效法心者，乃禽獸耳。」面對實屬喇嘛教的藏傳佛教，其「雙身邪淫」的態度，也可以這樣分類觀察。

資訊發達的時代，每個人都有「知」的權利，也相對有「知」的義務——西方哲學家說：「知識就是力量。」又說：「無知是罪惡的根源。」權威統治的「愚民」政策，在今日已行不通；大部分的知識與資訊，逐漸被視為人類的「共同財產」，而可以攤在陽光下（如書籍、網路）被分享或檢視。因此，每一個現代人，不僅為自己的利益、也為他人的幸福，都應盡可能的求知；尤其涉及「切身利害」的觀念或事相，更要弄清楚、講明白，既不可置身事外、亦不應被蒙在鼓裡。一切錯誤的想法、有害的行為，你若無知，應慚愧；若已知，則有責任：不可知而不言、或言而不盡——別總是說：「我又不曉得！」「沒人告訴我！」或者說：「我哪管得了！」「沒人來問我！」但願我們都能在這方面略盡社會人的本分。

全球學佛人被喇嘛教矇騙太久了，從古到今，有多少受害者？這些人或因無知而淪為犧牲，或因附和而成了幫兇；不論他們現世是得是失、或樂或苦，其共同下場必然淒慘。媒體報導的只是冰山一角，不曉得還有多少人躲在暗處哭泣、或執迷成性而不省悟；既然同住地球村、共造因緣網，即使個人的呼籲只如黑夜中的螢火、或瀑布下的蟲鳴，該亮的還是要亮、該喊的仍然要喊，因為，瞭解眞相之後，看不下去啊！例如，這樣的事例：

藏傳佛教的修練者為了練成陰陽合體，需要採集異性的「陰精」，俗稱「採陰」。凡人理解起來，就是把女人交給那些修煉者，任由其玩弄。據說，這種修練所需的女性分為三種：實女，這是有血有肉的真實女性（淫人妻女）。靈女，她是由修練者的意念所塑造出來的。（觀想明妃）内女，修練者自身內部的陰性（陰氣詭異）。新中國成立後，這種修煉已經鮮有發生了。但是，我卻親身經歷了這樣一檔子事……那個喇嘛無非是個騙子，可歎的是，竟然有那麼多富婆縈繞在他們身邊，心甘情願地被他們糟蹋；尤其是馬○○的丈夫，自己的老婆在裏面被人家搞，他還在外面給人家包餃子；信「佛」信到這樣的程度，除了等同於傻B，實在找不出另外的詞來形容她們了。

（〈富婆被喇嘛採陰　老公還爲其包餃子〉，http://blog.udn.com/hgz88888/3316431）

看了這篇文章，是應該同情、悲憫，甚至於幫著把藉藏傳「佛教」名義之「喇嘛教」的邪說邪行，檢視、舉發的更清楚、更確定，讓世人可從教理法義上充分了知：「**喇嘛教果然不是佛教！**」當全世界的人都確知這個眞相之後，必可使藏傳佛教無所遁形！因此，我們何妨夢想：有一天，喇嘛教的上師活佛們不得不站出來公開宣布：「我們的確是喇嘛教，不是佛教，你願意學我們的喇嘛教嗎？」

但使正覺同修在，不教喇嘛亂人間

當今之世，佛教內外，少分瞭解藏傳佛教內幕的，或不乏其人，卻多半潔身自愛而無所作爲；要舉出一個深具正見，發菩薩心而知之深、責之切，能從法義、事實兩方面拆穿藏傳佛教騙局，揭發藏傳佛教隱密謊言，而提醒民眾「遠離喇嘛」的個人或團體，就只有佛教正覺同修會了。因此，這成了我們「捨我其誰」的擔當——**我們不做，誰能做？今日不做，何時做？**何況，藏傳佛教已在全世界布下了天羅地網，先蠶食、後鯨吞；隨著世間五欲的橫流、人倫心術的敗壞，邪淫喇嘛們趁機伸出魔爪，大把攫取（被聲色、暴力、毒品所迷）神魂顚倒的民眾而吞噬之；然後，讓這些可憐人變成魔子魔孫，又回到人間，組成魔軍，擴大其侵害的範圍，直到完全攻陷人類，建立他們的「香巴拉」魔帝國——這雖是藏傳佛教（時輪金剛乘）的妄想，卻已經有計劃的在全球各地進行，也獲得許多知情或無知者的支持；大量的錢財與人力被轉用於成立藏傳佛教道場、出版著作、培訓人才，逐步魔化世界！

臺灣雖小，卻是信仰極虔誠、布施極慷慨，心地很善良的地區，似乎很好騙、好拐，成了藏傳佛教騙術（魔法）的實習營，每年有多少剛出爐的法王／仁波切，分批來這裏渡假兼暖身？新手上路可一點也不手軟，多年的性飢渴與財匱乏，都能在很短的「過境」台灣期間，獲得滿足；然後，腰纏萬貫、臂擁美女，在信眾的揮淚送別下，揚長而去！若問「何時君（魔王／暴君）再來？」答案是：等到性又飢渴、財又匱乏了，就會再來。那時，臺灣的善男信女，錢財也存夠了、身體也養好了，喇嘛又搭了飛機，「君」臨臺灣，又將開始與您的妻女上床合修雙身法……。試著「觀想」這樣的景象，您能不氣憤、不悲痛，乃至不捲起袖子、拉高嗓門，向群眾廣說喇嘛的邪淫、藏傳佛教的醜惡嗎？

「檢舉『喇嘛教』，大家一起來！」這些年來，看到社會上與宗教界的許多善心人士，透過不同的管道，實地以身口意向眾生傳達「**藏傳佛教非佛教，騙色又騙財；一切善男女，速應遠離之**」的訊息；這種劍及屨及、知道做到，如理而行的「摧邪顯正」作略，走向第一線，既無懼於藏傳佛教的反撲、誣責與陷害，更由於護法度眾或保護女性的悲願，而甘之如飴，越累越勇，眞是令人感動！若非眞菩薩，宿世已發心，何能如此？著實令人讚歎、隨喜！

任風繼續吹，腳下不停留——我們負責「傳播」正法的訊息，至於藏傳佛教中人能不能「信受奉行」，那是智愚差別及因緣業報的事！我們一方面自修，將功德迴向他們回心轉意；另方面仍須繼續推廣正見，讓正法之聲迴蕩於空氣中，沖淡藏傳佛教邪法的雜音；讓眾生有更多的機會收聽熏習，入耳成種。有了正確的知見，將來就有因緣悟道，不再被喇嘛教誤導。因此，一說再說、淺說深說、單說廣說，乃至長時說、熾然說，是我們無可旁貸的責任與義務。讓我們互勉以如來正法的威德音，或獨白、或對話宣揚出去！只要人次多、音量大，成了眾聲喧嘩的大合唱，必可響遍三界、撼動人心！

附錄（一）：

哇塞！我看見了國王的新衣了！

——黃屏藩——

古早古早的時候，在西方有一很愛打扮的國王，經常都要穿新衣裳，但國裡的裁縫師們已經都沒有一個能夠滿足他了。有一天，從國外來了幾個裁縫師，對國王說他們可做出全世界最神奇的衣裳，而最特別的是這衣裳必須是聰明人才能看得見。於是，國王付了大筆錢給了這幾個裁縫師，要他們趕緊加工製作。全國臣民也都期盼看到這件只有聰明人才能夠看得見的衣裳。終於，這件全世界最神奇的衣裳做好了。國王雖然甚麼也沒看見，但因爲不願承認他不聰明，所以便依裁縫師們的指示穿上這件衣裳，更迫不及待地馬上穿著這件神奇的衣裳遊街示眾。每個百姓看到國王光著身子，卻得意洋洋地炫耀著，大家卻都讚不絕口，因爲每個人都不願承認自己是愚蠢的人。直到有個誠實的小孩子看到了，指著國王哈哈大笑說：

「國王沒穿衣服，羞羞臉！」大家終於忍不住笑作一團了。而那幾個裁縫師老早不知去向了，從此沒人知道他們的下落。

原來，那幾個裁縫師早已悄悄地溜到遠方去了。他們跑到東方一個叫作「西藏」的地方，那裡的國王，也是一個非常注重衣著的人。那幾個裁縫師告訴國王：他們可以幫國王製作一件全世界最神祕、最尊貴的外衣，而這件外衣必須是比一般人更聰明的人才能夠看得見的。國王滿心歡喜地接受了，因為，神祕正是他跟他的子民們的最愛。於是，跟上次一樣，國王穿上那件外衣出巡，他的子民雖然只看到國王光溜溜的身體，卻依然喜極而泣，因為，那是全世界最神祕、最尊貴的外衣。而且，他們相信跟在國王旁邊的大臣們都看得見，因為他們是比一般人更聰明的人。

國王從此深信不疑，深深陶醉在最聰明人的喜悅中。於是，每天光著身子到全世界，到處炫耀他那件最神祕的外衣。同時，他也囑咐那幾個裁縫師幫他的臣子們大量生產，每人都穿上一件。於是，在國王的國度裡，即使大家赤裸相見，也是彼此心照不宣，你誇我、我誇你，互相稱讚對方那件最神祕的外衣非常好看，因爲，他們都是比一般人更聰明的人。

噢！忘了一提，那幾個裁縫師名叫宗喀巴、**蓮花生**、**阿底峽**、**寂天**、**月稱**、**佛護**，而那個國王名叫**達賴**，他的臣子們通稱作**喇嘛**，那件號稱全世界最神祕、最尊貴的金剛衣、無上大衣就是藏傳佛教的即身成佛——每天誘拐女信徒上床享受淫樂的雙身法門。

現在，那些喇嘛們個個穿著國王的新衣，成群結隊來到台灣。信徒們既期盼又尊敬地膜拜著那全世界最神祕的外衣。雖然，他們在喇嘛身上看不到任何東西，但是，他們都假裝看得見，更相信未來也一定會看得見，他們都幻想著有一天也能夠穿上那件神祕的外衣——成爲遍身領受淫樂的「報身」佛。因爲，他們都被告知他們是比一般人更聰明的人。

本來故事到這裡就要結束了，因爲誰也不願意當愚蠢的人。偏偏這個時候有個叫作「蕭平實」的誠實小孩子看見了，跳了出來大聲說：「快看！快看！羞死人了，他們怎麼都沒穿衣服？」大家隨著小孩子的手指看去，只見喇嘛們四處逃竄，往暗處掩藏，並破口大罵小孩子不懂事。此時，有個信徒追過去想看個究竟，忽聽他大叫：「哇塞！我看見國王的新衣了！咦！上面寫著『**兒童不宜**』。」

附錄（二）：有關「藏傳佛教——喇嘛教」的簡單問答

1、你相信藏傳佛教所說「即身（當生）成佛」嗎？爲什麼？

2、藏傳佛教爲何要這麼說（即身成佛）？是對佛法的無知、或惡意的欺騙？

3、佛經上說從「凡夫」修行，直到「成佛」，要多少時間？

4、「觀想」自己的身相與佛一樣，就能眞的成佛嗎？爲什麼？

5、什麼是「明點」？眞的存在嗎？與佛教所說的「菩提心」有關係嗎？

6、藏傳佛教的修行，最終、最究竟的法門是什麼？

7、無上瑜伽的「雙身修法」，是來自佛教嗎？或是什麼？

8、藏傳佛教的修行方法可分爲哪六大類？

9、這六大類以什麼來貫串？

10、藏傳佛教四大派別，是不是都修「雙身法」？

11、宗喀巴《菩提道次廣論》借用佛教名相爲「暗語」，所包裝的是什麼內容？

12、下列藏傳佛教「術語」的眞義你瞭解嗎？
「明妃／佛母」；「金剛杵、蓮花」；「入定、等至、雙運」；「五肉、五甘露」。

13、在性高潮中專注一心的享受這種樂觸，能成就「禪定」嗎？

14、在男女雙修中持久不泄，就是佛教所謂的「無漏」法嗎？

15、「空樂不二、大樂光明」與「一般的男女交合」，性質相同嗎？

16、訓練到能隨意控制自己不射精，就算是沒「貪愛」了嗎？

17、喇嘛口中所說的「博愛」是什麼意思？

18、什麼是「三昧耶戒」？是正統佛教的戒律嗎？

19、在藏傳佛教密教壇城中受「菩薩戒」，是正當而有效的嗎？

20、藏傳佛教弟子連自己的母親、姊妹、妻女都可以獻給上師雜交，這有什麼功德嗎？

21、藏傳佛教的經典是從佛菩薩傳下來的嗎？爲什麼稱爲「密續」？

22、藏傳佛教的閨房「性愛技巧」，可當作「修行的方便法」嗎？

23、藏傳佛教「男女雙修」且自稱「解脫成佛」，是否違犯了佛教的重戒（邪淫、大妄語）？

24、藏傳佛教所供奉的所謂雙身佛、空行母、金剛、財神，是佛教的修行成就者嗎？

25、《西藏度亡經》《西藏生死書》所說的中陰超度法是眞的嗎？有效嗎？

26、達賴（喇嘛）十四有公開承認藏傳佛教的雙身法嗎？

27、藏傳佛教是不是組織嚴密的「國際詐騙團體」？面對世人的無知與藏傳佛教的猖獗，您認爲我們能作什麼？該怎麼作？順序如何？

（※答案在：佛教正覺同修會印贈之《淺談達賴喇嘛之雙身法》書中）

＊＊＊＊＊＊＊＊＊＊

另外，這個網站（密宗問答集 http://lamanet999.t35.com/down14.htm）也有類似的問答

問題1：爲何密宗可以吃肉？

答：佛教徒必須吃素，但因爲密宗不是佛教，因此密宗行者都有吃肉。

問題2：爲何密宗都修雙身法？

答：佛教出家人禁淫，在家人禁邪淫；因爲密宗不是佛教，因此密宗行者都修雙身法，並且雙身法是密宗最重要的修行法門。

問題3：爲何密宗必須吃肉？

答：爲修煉拙火氣功、紅白菩提，故需肉食。紅菩提即是月經，白菩提即是精子。（摘錄自：曲肱齋全集-陳健民上師著頁1077，頁678-679）

問題4：密宗爲何要供五肉而不供素食？

答：佛教都供素食，但因爲密宗不是佛教，因此密宗行者都供五肉，五肉是象肉、馬肉、人肉、豬肉和狗肉。

問題5：什麼是密宗五甘露？

答：1．大香——有香之大便。有功德成就的行者，其糞便是含有檀香之味道。
2．小香——有香之小便，有功德成就之行者，其尿是香的。
3．腦髓——有功德成就之西藏行者，如係天葬，死後他的腦髓都保存下來。
4．紅菩提——空行母之卵子，不是普通女人的；或用處女初次之月經。
5．白菩提——有功德成就，證空性的瑜伽行者所出之悲智雙運不漏之精子。（摘錄自：曲肱齋全集（一）頁 678-679 陳健民上師著）

問題6：密宗眞的有修雙身法嗎？

答：雙身法是「達賴喇嘛」及「宗喀巴」所教導的。達賴喇嘛《達賴生死書》作者：達賴喇嘛頁 157：『可以在修行之道上運用性交。』達賴喇嘛《修行的第一堂課》……頁 180：『可以利用伴侶和雙身的樂來修行密續的快速道路。』《密宗道次第廣論》頁 409 宗喀巴著：「不應棄女寶」。

問題7：爲何會有那麼多喇嘛性侵？

答：拐騙或性侵，只是密宗的修行手段，因爲有些喇嘛找不到自願共修的臺灣女子，因此必須拐騙或性侵，便能修無上瑜伽。

問題8：雙身佛也是佛嗎？

答：因爲密宗不是佛教，所以密宗的雙身佛並不是佛教的佛，雙身佛只是一種密宗崇拜的偶像，不是佛。

問題9：喇嘛如何尋求雙身共修者？

答：由密宗的信徒提供雙身共修者給上師。《密宗道次第廣論》：「姊妹或自女，或妻奉師長。」

問題10：爲何仍有女子願和喇嘛共修雙身法？

答：1．因此女子受了三昧耶戒，若不聽上師的話就會違反三昧耶戒而墮惡趣，故不得已而和上師雙修。《大日經》卷五：「越三昧耶，決定墮於惡趣。」（卷五）（三昧耶戒不是佛戒，《大日經》不是佛經）

2．此人被上師欺騙，不明就裡的和上師雙修……。

問題11：密宗三昧耶戒和佛戒一樣嗎？

答：因爲密宗不是佛教，所以「三昧耶戒」和佛戒完全無關。

問題12：佛教徒可以修密宗財神法嗎？

答：1．因爲密宗不是佛教，所以佛教徒不應修密宗財神法。

2．佛教徒應勤修布施以斷除貪財的習氣，密宗財神法會增長貪財的習氣，故不應修。

3．密宗財神法不是佛法，所以佛教徒不應修。

佛菩提二主要道次第概要表——二道並修，以外無別佛法

佛菩提道——大菩提道

十信位修集信心 —— 一劫乃至一萬劫

資糧位

初住位修集布施功德（以財施爲主）。
二住位修集持戒功德。
三住位修集忍辱功德。
四住位修集精進功德。
五住位修集禪定功德。
六住位修集般若功德（熏習般若中觀及斷我見，加行位也）。

外門廣修六度萬行

見道位

七住位明心般若正觀現前，親證本來自性清淨涅槃。
八住位起於一切法現觀般若中道。漸除性障。
十住位眼見佛性，世界如幻觀成就。

一至十行位，於廣行六度萬行中，依般若中道慧，現觀陰處界猶如陽焰，至第十行滿心位，陽焰觀成就。

一至十迴向位熏習一切種智；修除性障，唯留最後一分思惑不斷。第十迴向滿心位成就菩薩道如夢觀。

內門廣修六度萬行

遠波羅蜜多

初地：第十迴向位滿心時，成就道種智一分（八識心王一一親證後，領受五法、三自性、七種第一義、七種性自性、二種無我法）復由勇發十無盡願，成通達位菩薩。復又永伏性障而不具斷，能證慧解脫而不取證，由大願故留惑潤生。此地主修法施波羅蜜多及百法明門。證「猶如鏡像」現觀，故滿初地心。

二地：初地功德滿足以後，再成就道種智一分而入二地；主修戒波羅蜜多及一切種智。滿心位成就「猶如光影」現觀，戒行自然清淨。

解脫道：二乘菩提

斷三縛結，成初果解脫 →
薄貪瞋癡，成二果解脫 →
斷五下分結，成三果解脫

入地前的四加行令煩惱障現行悉斷，成四果解脫，留惑潤生。分段生死已斷，煩惱障習氣種子開始斷除，兼斷無始無明上煩惱。

近波羅蜜多 —— 大波羅蜜多 —— 圓滿波羅蜜多

修道位 —— 究竟位

三地：二地滿心再證道種智一分，故入三地。此地主修忍波羅蜜多及四禪八定、四無量心、五神通。能成就俱解脫果而不取證，留惑潤生。滿心位成就「猶如谷響」現觀及無漏妙定意生身。

四地：由三地再證道種智一分故入四地。主修精進波羅蜜多，於此土及他方世界廣度有緣，無有疲倦。進修一切種智，滿心位成就「如水中月」現觀。

五地：由四地再證道種智一分故入五地。主修禪定波羅蜜多及一切種智，斷除下乘涅槃貪。滿心位成就「變化所成」現觀。

六地：由五地再證道種智一分故入六地。此地主修般若波羅蜜多——依道種智現觀十二因緣一一有支及意生身化身，皆自心眞如變化所現，「非有似有」，成就細相觀，不由加行而自然證得滅盡定，成俱解脫大乘無學。

七地：由六地「非有似有」現觀，再證道種智一分故入七地。此地主修一切種智及方便波羅蜜多，由重觀十二有支一一支中之流轉門及還滅門一切細相，成就方便善巧，念念隨入滅盡定。滿心位證得「如犍闥婆城」現觀。

八地：由七地極細相觀成就故再證道種智一分而入八地。此地主修一切種智及願波羅蜜多。至滿心位純無相觀任運恆起，故於相土自在，滿心位復證「如實覺知諸法相意生身」故。

九地：由八地再證道種智一分故入九地。主修力波羅蜜多及一切種智，成就四無礙，滿心位證得「種類俱生無行作意生身」。

十地：由九地再證道種智一分故入此地。此地主修一切種智——智波羅蜜多。滿心位起大法智雲，及現起大法智雲所含藏種種功德，成受職菩薩。

等覺：由十地道種智成就故入此地。此地應修一切種智，圓滿等覺地無生法忍；於百劫中修集極廣大福德，以之圓滿三十二大人相及無量隨形好。

妙覺：示現受生人間已斷盡煩惱障一切習氣種子，並斷盡所知障一切隨眠，永斷變易生死無明，成就大般涅槃，四智圓明。人間捨壽後，報身常住色究竟天利樂十方地上菩薩；以諸化身利樂有情，永無盡期，成就究竟佛道。

七地滿心斷除故意保留之最後一分思惑時，煩惱障所攝色、受、想三陰有漏習氣種子同時斷盡。

煩惱障所攝行、識二陰無漏習氣種子任運漸斷，所知障所攝上煩惱任運漸斷。

斷盡變易生死成就大般涅槃

圓滿成就究竟佛果

佛子蕭平實 謹製

（二〇〇九、〇二 修訂）

（二〇一二、〇二 增補）

佛教正覺同修會〈修學佛道次第表〉

第一階段

* 以憶佛及拜佛方式修習動中定力。
* 學第一義佛法及禪法知見。
* 無相拜佛功夫成就。
* 具備一念相續功夫—動靜中皆能看話頭。
* 努力培植福德資糧，勤修三福淨業。

第二階段

* 參話頭，參公案。
* 開悟明心，一片悟境。
* 鍛鍊功夫求見佛性。
* 眼見佛性〈餘五根亦如是〉親見世界如幻，成就如幻觀。
* 學習禪門差別智。
* 深入第一義經典。
* 修除性障及隨分修學禪定。
* 修證十行位陽焰觀。

第三階段

* 學一切種智真實正理—楞伽經、解深密經、成唯識論…。
* 參究末後句。
* 解悟末後句。
* 透牢關—親自體驗所悟末後句境界，親見實相，無得無失。
* 救護一切眾生迴向正道。護持了義正法，修證十迴向位如夢觀。
* 發十無盡願，修習百法明門，親證猶如鏡像現觀。
* 修除五蓋，發起禪定。持一切善法戒。親證猶如光影現觀。
* 進修四禪八定、四無量心、五神通。進修大乘種智，求證猶如谷響現觀。

佛教正覺同修會　弘法行事表　2013/12/19

1、**禪淨班**　以無相念佛及拜佛方式修習動中定力，實證一心不亂功夫。傳授解脫道正理及第一義諦佛法，以及參禪知見。共修期間：二年六個月。每逢四月、十月開新班，詳見招生公告表。

2、**《佛藏經》詳解**　平實導師主講。已於 2013/12/17 開講，歡迎已發成佛大願的菩薩種性學人，攜眷共同參與此殊勝法會聽講。詳解 釋迦世尊於《佛藏經》中所開示的眞實義理，更爲今時後世佛子四眾，闡述 佛陀演說此經的本懷。眞實尋求佛菩提道的有緣佛子，親承聽聞如是勝妙開示，當能如實理解經中義理，亦能了知於大乘法中：如何是諸法實相？善知識、惡知識要如何簡擇？如何才是清淨持戒？如何才能清淨說法？於此末法之世，眾生五濁益重，不知佛、不解法、不識僧，唯見表相，不信眞實，貪著五欲，諸方大師不淨說法，各各將導大量徒眾趣入三塗，如是師徒俱堪憐憫。是故，平實導師以大慈悲心，用淺白易懂之語句，佐以實例、譬喻而爲演說，普令聞者易解佛意，皆得契入佛法正道，如實了知佛法大藏。每逢週二 18.50~20.50 開示，不限制聽講資格。會外人士需憑身分證件換證入內聽講（此是大樓管理處之安全規定，敬請見諒）。桃園、新竹、台中、台南、高雄等地講堂，亦於每週二晚上播放平實導師講經之 DVD，不必出示身分證件即可入內聽講，歡迎各地善信同霑法益。

有某道場專弘淨土法門數十年，於教導信徒研讀《佛藏經》時，往往告誡信徒曰：「**後半部不許閱讀。**」由此緣故坐令信徒失去提升念佛層次之機緣，師徒只能低品位往生淨土，令人深覺愚癡無智。由有多人建議故，平實導師開始宣講《佛藏經》，藉以轉易如是邪見，並提升念佛人之知見與往生品位。此經中，對於實相念佛多所著墨，亦指出念佛要點：**以實相爲依，念佛者應依止淨戒、依止清淨僧寶，捨離違犯重戒之師僧，應受學清淨之法，遠離邪見**。本經是現代佛門大法師所厭惡之經典：**一者由於大法師們已全都落入意識境界而無法親證實相，故於此經中所說實相全無所知，都不樂有人聞此經名，以免讀後提出問疑時無法回答；二者現代大乘佛法地區，已經普被藏密喇嘛教滲透，許多有名之大法師們大多已曾或繼續在修練雙身法，都已失去聲聞戒體及菩薩戒體，成爲地獄種姓人，已非眞正出家之人，本質上只是身著僧衣而住在寺院中的世俗人**。這些人對於此經都是讀不懂的，也是極爲厭惡的；他們尚不樂見此經之印行，何況流通與講解？今爲救護廣大學佛人，兼欲護持佛教血脈永續常傳，特選此經宣講之，主講者平實導師。

3、**瑜伽師地論**詳解　詳解論中所言凡夫地至佛地等 17 師之修證境界與理論，從凡夫地、聲聞地……宣演到諸地所證一切種智之眞實正理。由平實導師開講，每逢一、三、五週之週末晚上開示，僅限已明心之會員參加。

4、**精進禪三**　主三和尚：平實導師。於四天三夜中，以克勤圓悟大師及大慧宗杲之禪風，施設機鋒與小參、公案密意之開示，幫助會員剋期取證，親證不生不滅之眞實心——人人本有之如來藏。每年四月、十月各舉辦二個梯次；平實導師主持。僅限本會會員參加禪淨班共修期滿，報名審核通過者，方可參加。並選擇會中定力、慧力、福德三條件皆已具足之已明心會員，給以指引，令得眼見自己無形無相之佛性遍佈山河大地，眞實而無障礙，得以肉眼現觀世界身心悉皆如幻，具足成就如幻觀，圓滿十住菩薩之證境。

5、**阿含經**詳解　選擇重要之阿含部經典，依無餘涅槃之實際而加以詳解，令大眾得以現觀諸法緣起性空，亦復不墮斷滅見中，顯示經中所隱說之涅槃實際—如來藏—確實已於四阿含中隱說；令大眾得以聞後觀行，確實斷除我見乃至我執，證得**見到**眞現觀，乃至**身證**……等眞現觀；已得大乘或二乘見道者，亦可由此聞熏及聞後之觀行，除斷我所之貪著，成就慧解脫果。由平實導師詳解。不限制聽講資格。

6、**大法鼓經**詳解　詳解末法時代大乘佛法修行之道。佛教正法消毒妙藥塗於大鼓而以擊之，凡有眾生聞之者，一切邪見鉅毒悉皆消殞；此經即是大法鼓之正義，凡聞之者，所有邪見之毒悉皆滅除，見道不難；亦能發起菩薩無量功德，是故諸大菩薩遠從諸方佛土來此娑婆聞修此經。由平實導師詳解。不限制聽講資格。

7、**解深密經**詳解　重講本經之目的，在於令諸已悟之人明解大乘法道之成佛次第，以及悟後進修一切種智之內涵，確實證知三種自性性，並得據此證解七眞如、十眞如等正理。每逢週二 18.50~20.50 開示，由平實導師詳解。將於《大法鼓經》講畢後開講。不限制聽講資格。

8、**成唯識論**詳解　詳解一切種智眞實正理，詳細剖析一切種智之微細深妙廣大正理；並加以舉例說明，使已悟之會員深入體驗所證如來藏之微密行相；及證驗見分相分與所生一切法，皆由如來藏—阿賴耶識—直接或展轉而生，因此證知一切法無我，證知無餘涅槃之本際。將於增上班《瑜伽師地論》講畢後，由平實導師重講。僅限已明心之會員參加。

9、**精選如來藏系經典**詳解　精選如來藏系經典一部，詳細解說，以此完全印證會員所悟如來藏之眞實，得入不退轉住。另行擇期詳細解說之，由平實導師講解。僅限已明心之會員參加。

10、**禪門差別智**　藉禪宗公案之微細淆訛難知難解之處，加以宣說及剖析，以增進明心、見性之功德，啓發差別智，建立擇法眼。每月第一週日全天，由平實導師開示，僅限破參明心後，復又眼見佛性者參加（事冗暫停）。

11、**枯木禪**　先講智者大師的《小止觀》，後說《釋禪波羅蜜》，詳解四禪八定之修證理論與實修方法，細述一般學人修定之邪見與岔路，及對禪定證境之誤會，消除枉用功夫、浪費生命之現象。已悟般若者，可以藉此而實修初禪，進入大乘通教及聲聞教的三果心解脫境界，配合應有的大福德及後得無分別智、十無盡願，即可進入初地心中。親教師：平實導師。未來緣熟時將於大溪正覺寺開講。不限制聽講資格。

註：本會例行年假，自 2004 年起，改爲每年農曆新年前七天開始停息弘法事務及共修課程，農曆正月 8 日回復所有共修及弘法事務。新春期間（每日 9.00~17.00）開放台北講堂，方便會員禮佛祈福及會外人士請書。大溪鎮的正覺祖師堂，開放參訪時間，詳見〈正覺電子報〉或成佛之道網站。本表得因時節因緣需要而隨時修改之，不另作通知。

正智出版社有限公司書籍介紹

禪淨圓融：言淨土諸祖所未曾言，示諸宗祖師所未曾示；禪淨圓融，另闢成佛捷徑，兼顧自力他力，闡釋淨土門之速行易行道，亦同時揭櫫聖教門之速行易行道；令廣大淨土行者得免緩行難證之苦，亦令聖道門行者得以藉著淨土速行道而加快成佛之時劫。乃前無古人之超勝見地，非一般弘揚禪淨法門典籍也，先讀爲快。平實導師著 200元。

宗門正眼—**公案拈提**第一輯：繼承克勤圜悟大師碧巖錄宗旨之禪門鉅作。先則舉示當代大法師之邪說，消弭當代禪門大師鄉愿之心態，摧破當今禪門「世俗禪」之妄談；次則旁通教法，表顯宗門正理；繼以道之次第，消弭古今狂禪；後藉言語及文字機鋒，直示宗門入處。悲智雙運，禪味十足，數百年來難得一睹之禪門鉅著也。平實導師著 500元（原初版書《禪門摩尼寶聚》，改版後補充爲五百餘頁新書，總計多達二十四萬字，內容更精彩，並改名爲《宗門正眼》，讀者原購初版《禪門摩尼寶聚》皆可寄回本公司免費換新，免附回郵，亦無截止期限）（2007年起，凡購買公案拈提第一輯至第七輯，每購一輯皆贈送本公司精製公案拈提〈超意境〉CD一片，市售價格280元，多購多贈）。

禪—悟前與悟後：本書能建立學人悟道之信心與正確知見，圓滿具足而有次第地詳述禪悟之功夫與禪悟之內容，指陳參禪中細微淆訛之處，能使學人明自眞心、見自本性。若未能悟入，亦能以正確知見辨別古今中外一切大師究係眞悟？或屬錯悟？便有能力揀擇，捨名師而選明師，後時必有悟道之緣。一旦悟道，遲者七次人天往返，便出三界，速者一生取辦。學人欲求開悟者，不可不讀。平實導師著。上、下冊共500元，單冊250元。

眞實如來藏：如來藏眞實存在，乃宇宙萬有之本體，並非印順法師、達賴喇嘛等人所說之「唯有名相、無此心體」。如來藏是涅槃之本際，是一切有智之人竭盡心智、不斷探索而不能得之生命實相；是古今中外許多大師自以爲悟而當面錯過之生命實相。如來藏即是阿賴耶識，乃是一切有情本自具足、不生不滅之眞實心。當代中外大師於此書出版之前所未能言者，作者於本書中盡情流露、詳細闡釋。眞悟者讀之，必能增益悟境、智慧增上；錯悟者讀之，必能檢討自己之錯誤，免犯大妄語業；未悟者讀之，能知參禪之理路，亦能以之檢查一切名師是否眞悟。此書是一切哲學家、宗教家、學佛者及欲昇華心智之人必讀之鉅著。平實導師著 售價400元。

宗門法眼—**公案拈提**第二輯：列舉實例，闡釋土城廣欽老和尚之悟處；並直示這位不識字的老和尚妙智橫生之根由，繼而剖析禪宗歷代大德之開悟公案，解析當代密宗高僧卡盧仁波切之錯悟證據，並例舉當代顯宗高僧、大居士之錯悟證據（凡健在者，爲免影響其名聞利養，皆隱其名）。藉辨正當代名師之邪見，向廣大佛子指陳禪悟之正道，彰顯宗門法眼。悲勇兼出，強捋虎鬚；慈智雙運，巧探驪龍；摩尼寶珠在手，直示宗門入處，禪味十足；若非大悟徹底，不能爲之。禪門精奇人物，允宜人手一冊，供作參究及悟後印證之圭臬。本書於2008年4月改版，增寫為大約500頁篇幅，以利學人研讀參究時更易悟入宗門正法，以前所購初版首刷及初版二刷舊書，皆可免費換取新書。平實導師著 500元（2007年起，凡購買公案拈提第一輯至第七輯，每購一輯皆贈送本公司精製公案拈提〈超意境〉CD一片，市售價格280元，多購多贈）。

宗門道眼—**公案拈提**第三輯：繼宗門法眼之後，再以金剛之作略、慈悲之胸懷、犀利之筆觸，舉示寒山、拾得、布袋三大士之悟處，消弭當代錯悟者對於寒山大士……等之誤會及誹謗。亦舉出民初以來與虛雲和尚齊名之蜀郡鹽亭袁煥仙夫子——南懷瑾老師之師，其「悟處」何在？並蒐羅許多眞悟祖師之證悟公案，顯示禪宗歷代祖師之睿智，指陳部分祖師、奧修及當代顯密大師之謬悟，作爲殷鑑，幫助禪子建立及修正參禪之方向及知見。假使讀者閱此書已，一時尚未能悟，亦可一面加功用行，一面以此宗門道眼辨別眞假善知識，避開錯誤之印證及歧路，可免大妄語業之長劫慘痛果報。欲修禪宗之禪者，務請細讀。平實導師著 售價500元（2007年起，凡購買公案拈提第一輯至第七輯，每購一輯皆贈送本公司精製公案拈提〈超意境〉CD一片，市售價格280元，多購多贈）。

楞伽經詳解：本經是禪宗見道者印證所悟眞僞之根本經典，亦是禪宗見道者悟後起修之依據經典；故達摩祖師於印證二祖慧可大師之後，將此經典連同佛鉢祖衣一併交付二祖，令其依此經典佛示金言、進入修道位，修學一切種智。由此可知此經對於眞悟之人修學佛道，是非常重要之一部經典。此經能破外道邪說，亦破佛門中錯悟名師之謬說，亦破禪宗部分祖師之狂禪：不讀經典、一向主張「一悟即成究竟佛」之謬執。並開示愚夫所行禪、觀察義禪、攀緣如禪、如來禪等差別，令行者對於三乘禪法差異有所分辨；亦糾正禪宗祖師古來對於如來禪之誤解，嗣後可免以訛傳訛之弊。此經亦是法相唯識宗之根本經典，禪者悟後欲修一切種智而入初地者，必須詳讀。平實導師著，全套共十輯，已全部出版完畢，每輯主文約320頁，每冊約352頁，定價250元。

宗門血脈—**公案拈提**第四輯：末法怪象—許多修行人自以爲悟，每將無念靈知認作眞實；崇尚二乘法諸師及其徒眾，則將外於如來藏之緣起性空—無因論之無常空、斷滅空、一切法空—錯認爲 佛所說之般若空性。這兩種現象已於當今海峽兩岸及美加地區顯密大師之中普遍存在；人人自以爲悟，心高氣壯，便敢寫書解釋祖師證悟之公案，大多出於意識思惟所得，言不及義，錯誤百出，因此誤導廣大佛子同陷大妄語之地獄業中而不能自知。彼等書中所說之悟處，其實處處違背第一義經典之聖言量。彼等諸人不論是否身披袈裟，都非佛法宗門血脈，或雖有禪宗法脈之傳承，亦只徒具形式；猶如螟蛉，非眞血脈，未悟得根本眞實故。禪子欲知佛、祖之眞血脈者，請讀此書，便知分曉。平實導師著，主文452頁，全書464頁，定價500元（2007年起，凡購買公案拈提第一輯至第七輯，每購一輯皆贈送本公司精製公案拈提〈超意境〉CD一片，市售價格280元，多購多贈）。

宗通與說通：古今中外，錯誤之人如麻似粟，每以常見外道所說之靈知心，認作眞心；或妄想虛空之勝性能量爲眞如，或錯認物質四大元素藉冥性（靈知心本體）能成就吾人色身及知覺，或認初禪至四禪中之了知心爲不生不滅之涅槃心。此等皆非通宗者之見地。復有錯悟之人一向主張「宗門與教門不相干」，此即尙未通達宗門之人也。其實宗門與教門互通不二，宗門所證者乃是眞如與佛性，教門所說者乃說宗門證悟之眞如佛性，故教門與宗門不二。本書作者以宗教二門互通之見地，細說「宗通與說通」，從初見道至悟後起修之道、細說分明；並將諸宗諸派在整體佛教中之地位與次第，加以明確之教判，學人讀之即可了知佛法之梗概也。欲擇明師學法之前，允宜先讀。平實導師著，主文共381頁，全書392頁，只售成本價200元。

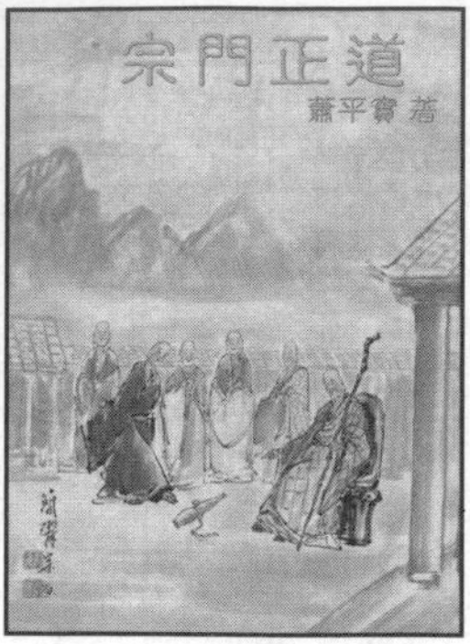

宗門正道—公案拈提第五輯：修學大乘佛法有二果須證解脫果及大菩提果。二乘人不證大菩提果，唯證解脫果；此果之智慧，名爲聲聞菩提、緣覺菩提。大乘佛子所證二果之菩提果爲佛菩提，故名大菩提果，其慧名爲一切種智函蓋二乘解脫果。然此大乘二果修證，須經由禪宗之宗門證悟方能相應。而宗門證悟極難，自古已然；其所以難者，咎在古今佛教界普遍存在三種邪見：1.以修定認作佛法，2.以無因論之緣起性空—否定涅槃本際如來藏以後之一切法空作爲佛法，3.以常見外道邪見（離語言妄念之靈知性）作爲佛法。如是邪見，或因自身正見未立所致，或因邪師之邪教導所致，或因無始劫來虛妄熏習所致。若不破除此三種邪見，永劫不悟宗門眞義、不入大乘正道，唯能外門廣修菩薩行。平實導師於此書中，有極爲詳細之說明，有志佛子欲摧邪見、入於內門修菩薩行者，當閱此書。主文共496頁，全書512頁。售價500元（2007年起，凡購買公案拈提第一輯至第七輯，每購一輯皆贈送本公司精製公案拈提〈超意境〉CD一片，市售價格280元，多購多贈）。

狂密與真密：密教之修學，皆由有相之觀行法門而入，其最終目標仍不離顯教經典所說第一義諦之修證；若離顯教第一義經典、或違背顯教第一義經典，即非佛教。西藏密教之觀行法，如灌頂、觀想、遷識法、寶瓶氣、大聖歡喜雙身修法、喜金剛、無上瑜伽、大樂光明、樂空雙運等，皆是印度教兩性生生不息思想之轉化，自始至終皆以如何能運用交合淫樂之法達到全身受樂爲其中心思想，純屬欲界五欲的貪愛，不能令人超出欲界輪迴，更不能令人斷除我見；何況大乘之明心與見性，更無論矣！故密宗之法絕非佛法也。而其明光大手印、大圓滿法教，又皆同以常見外道所說離語言妄念之無念靈知心錯認爲佛地之眞如，不能直指不生不滅之眞如。西藏密宗所有法王與徒眾，都尚未開頂門眼，不能辨別眞僞，以依人不依法、依密續不依經典故，不肯將其上師喇嘛所說對照第一義經典，純依密續之藏密祖師所說爲準，因此而誇大其證德與證量，動輒謂彼祖師上師爲究竟佛、爲地上菩薩；如今台海兩岸亦有自謂其師證量高於釋迦文佛者，然觀其師所述，猶未見道，仍在觀行即佛階段，尚未到禪宗相似即佛、分證即佛階位，竟敢標榜爲究竟佛及地上法王，誑惑初機學人。凡此怪象皆是狂密，不同於眞密之修行者。近年狂密盛行，密宗行者被誤導者極眾，動輒自謂已證佛地眞如，自視爲究竟佛，陷於大妄語業中而不知自省，反謗顯宗眞修實證者之證量粗淺；或如義雲高與釋性圓…等人，於報紙上公然誹謗眞實證道者爲「騙子、無道人、人妖、癩蛤蟆…」等，造下誹謗大乘勝義僧之大惡業；或以外道法中有爲有作之甘露、魔術……等法，誑騙初機學人，狂言彼外道法爲眞佛法。如是怪象，在西藏密宗及附藏密之外道中，不一而足，舉之不盡，學人宜應愼思明辨，以免上當後又犯毀破菩薩戒之重罪。密宗學人若欲遠離邪知邪見者，請閱此書，即能了知密宗之邪謬，從此遠離邪見與邪修，轉入眞正之佛道。

平實導師著 共四輯 每輯約400頁（主文約340頁）賠本流通價每輯140元。

宗門正義—公案拈提第六輯：佛教有六大危機，乃是藏密化、世俗化、膚淺化、學術化、宗門密意失傳、悟後進修諸地之次第混淆；其中尤以宗門密意之失傳，爲當代佛教最大之危機。由宗門密意失傳故，易令世尊本懷普被錯解，易令世尊正法被轉易爲外道法，以及加以淺化、世俗化，是故宗門密意之廣泛弘傳與具緣佛弟子，極爲重要。然而欲令宗門密意之廣泛弘傳予具緣之佛弟子者，必須同時配合錯誤知見之解析、普令佛弟子知之，然後輔以公案解析之直示入處，方能令具緣之佛弟子悟入。而此二者，皆須以公案拈提之方式爲之，方易成其功、竟其業，是故平實導師續作宗門正義一書，以利學人。全書500餘頁，售價500元（2007年起，凡購買公案拈提第一輯至第七輯，每購一輯皆贈送本公司精製公案拈提〈超意境〉CD一片，市售價格280元，多購多贈）。

心經密意—心經與解脫道、佛菩提道、祖師公案之關係與密意。二乘菩提所證之解脫道，實依第八識心之斷除煩惱障現行而立解脫之名；大乘菩提所證之佛菩提道，實依親證第八識如來藏之涅槃性、清淨自性、及其中道性而立般若之名；禪宗祖師公案所證之眞心，即是此第八識如來藏；是故三乘佛法所修所證之三乘菩提，皆依此如來藏心而立名也。此第八識心，即是《心經》所說之心也。證得此如來藏已，即能漸入大乘佛菩提道，亦可因證知此心而了知二乘無學所不能知之無餘涅槃本際，是故《心經》之密意，與三乘佛菩提之關係極爲密切、不可分割，三乘佛法皆依此心而立名故。今者平實導師以其所證解脫道之無生智及佛菩提之般若種智，將《心經》與解脫道、佛菩提道、祖師公案之關係與密意，以演講之方式，用淺顯之語句和盤托出，發前人所未言，呈三乘菩提之眞義，令人藉此《心經密意》一舉而窺三乘菩提之堂奧，迴異諸方言不及義之說；欲求眞實佛智者、不可不讀！主文317頁，連同跋文及序文…等共384頁，售價300元。

宗門密意—公案拈提第七輯：佛教之世俗化，將導致學人以信仰作爲學佛，則將以感應及世間法之庇祐，作爲學佛之主要目標，不能了知學佛之主要目標爲親證三乘菩提。大乘菩提則以般若實相智慧爲主要修習目標，以二乘菩提解脫道爲附帶修習之標的；是故學習大乘法者，應以禪宗之證悟爲要務，能親入大乘菩提之實相般若智慧中故，般若實相智慧非二乘聖人所能知故。此書則以台灣世俗化佛教之三大法師，說法似是而非之實例，配合眞悟祖師之公案解析，提示證悟般若之關節，令學人易得悟入。平實導師著，全書五百餘頁，售價500元（2007年起，凡購買公案拈提第一輯至第七輯，每購一輯皆贈送本公司精製公案拈提〈超意境〉CD一片，市售價格280元，多購多贈）。

淨土聖道—兼評日本本願念佛：佛法甚深極廣，般若玄微，非諸二乘聖僧所能知之，一切凡夫更無論矣！所謂一切證量皆歸淨土是也！是故大乘法中「聖道之淨土、淨土之聖道」，其義甚深，難可了知；乃至眞悟之人，初心亦難知也。今有正德老師眞實證悟後，復能深探淨土與聖道之緊密關係，憐憫眾生之誤會淨土實義，亦欲利益廣大淨土行人同入聖道，同獲淨土中之聖道門要義，乃振奮心神、書以成文，今得刊行天下。主文279頁，連同序文等共301頁，總有十一萬六千餘字，正德老師著，成本價200元。

起信論講記：詳解大乘起信論**心生滅門**與**心眞如門**之眞實意旨，消除以往大師與學人對起信論所說**心生滅門**之誤解，由是而得了知眞心如來藏之非常非斷中道正理；亦因此一講解，令此論以往隱晦而被誤解之眞實義，得以如實顯示，令大乘佛菩提道之正理得以顯揚光大；初機學者亦可藉此正論所顯示之法義，對大乘法理生起正信，從此得以眞發菩提心，眞入大乘法中修學，世世常修菩薩正行。平實導師演述，共六輯，都已出版，每輯三百餘頁，優惠價各200元。

優婆塞戒經講記：本經詳述在家菩薩修學大乘佛法，應如何受持菩薩戒？對人間善行應如何看待？對三寶應如何護持？應如何正確地修集此世後世證法之福德？應如何修集後世「行菩薩道之資糧」？並詳述第一義諦之正義：五蘊非我非異我、自作自受、異作異受、不作不受……等深妙法義，乃是修學大乘佛法、行菩薩行之在家菩薩所應當了知者。出家菩薩今世或未來世登地已，捨報之後多數將如華嚴經中諸大菩薩，以在家菩薩身而修行菩薩行，故亦應以此經所述正理而修之，配合《楞伽經、解深密經、楞嚴經、華嚴經》等道次第正理，方得漸次成就佛道；故此經是一切大乘行者皆應證知之正法。平實導師講述，每輯三百餘頁，優惠價各200元；共八輯，已全部出版。

真假活佛—略論附佛外道盧勝彥之邪說：人人身中都有眞活佛，永生不滅而有大神用，但眾生都不了知，所以常被身外的西藏密宗假活佛籠罩欺瞞。本來就眞實存在的眞活佛，才是眞正的密宗無上密！諾那活佛因此而說禪宗是大密宗，但藏密的所有活佛都不知道、也不曾實證自身中的眞活佛。本書詳實宣示眞活佛的道理，舉證盧勝彥的「佛法」不是眞佛法，也顯示盧勝彥是假活佛，直接的闡釋第一義佛法見道的眞實正理。眞佛宗的所有上師與學人們，都應該詳細閱讀，包括盧勝彥個人在內。正犀居士著，優惠價140元。

阿含正義—唯識學探源：廣說四大部《阿含經》諸經中隱說之眞正義理，一一舉示佛陀本懷，令阿含時期初轉法輪根本經典之眞義，如實顯現於佛子眼前。並提示末法大師對於阿含眞義誤解之實例，一一比對之，證實唯識增上慧學確於原始佛法之阿含諸經中已隱覆密意而略說之，證實世尊確於原始佛法中已曾密意而說第八識如來藏之總相；亦證實世尊在四阿含中已說此藏識是名色十八界之因、之本—證明如來藏是能生萬法之根本心。佛子可據此修正以往受諸大師（譬如西藏密宗應成派中觀師：印順、昭慧、性廣、大願、達賴、宗喀巴、寂天、月稱、……等人）誤導之邪見，建立正見，轉入正道乃至親證初果而無困難；書中並詳說三果所證的**心解脫**，以及四果**慧解脫**的親證，都是如實可行的具體知見與行門。全書共七輯，已出版完畢。平實導師著，每輯三百餘頁，定價250元。

超意境CD：以平實導師公案拈提書中超越意境之頌詞，加上曲風優美的旋律，錄成令人嚮往的超意境歌曲，其中包括正覺發願文及平實導師親自譜成的黃梅調歌曲一首。詞曲雋永，殊堪翫味，可供學禪者吟詠，有助於見道。內附設計精美的彩色小冊，解說每一首詞的背景本事。每片280元。【每購買公案拈提書籍一冊，即贈送一片。】

鈍鳥與靈龜：鈍鳥及靈龜二物，被宗門證悟者說爲二種人：前者是精修禪定而無智慧者，也是以定爲禪的愚癡禪人；後者是或有禪定、或無禪定的宗門證悟者，凡已證悟者皆是靈龜。但後來被人虛造事實，用以嘲笑大慧宗杲禪師，說他雖是靈龜，卻不免被天童禪師預記「患背」痛苦而亡：「鈍鳥離巢易，靈龜脫殼難。」藉以貶低大慧宗杲的證量。同時將天童禪師實證如來藏的證量，曲解爲意識境界的離念靈知。自從大慧禪師入滅以後，錯悟凡夫對他的不實毀謗就一直存在著，不曾止息，並且捏造的假事實也隨著年月的增加而越來越多，終至編成「鈍鳥與靈龜」的假公案、假故事。本書是考證大慧與天童之間的不朽情誼，顯現這件假公案的虛妄不實；更見大慧宗杲面對惡勢力時的正直不阿，亦顯示大慧對天童禪師的至情深義，將使後人對大慧宗杲的誣謗至此而止，不再有人誤犯毀謗賢聖的惡業。書中亦舉證宗門的所悟確以第八識如來藏爲標的，詳讀之後必可改正以前被錯悟大師誤導的參禪知見，日後必定有助於實證禪宗的開悟境界，得階大乘眞見道位中，即是實證般若之賢聖。全書459頁，僅售250元。

我的菩提路第一輯：凡夫及二乘聖人不能實證的佛菩提證悟，末法時代的今天仍然有人能得實證，由正覺同修會釋悟圓、釋善藏法師等二十餘位實證如來藏者所寫的見道報告，已爲當代學人見證宗門正法之絲縷不絕，證明大乘義學的法脈仍然存在，爲末法時代求悟般若之學人照耀出光明的坦途。由二十餘位大乘見道者所繕，敘述各種不同的學法、見道因緣與過程，參禪求悟者必讀。全書三百餘頁，售價200元。

我的菩提路第二輯：由郭正益老師等人合著，書中詳述彼等諸人歷經各處道場學法，一一修學而加以檢擇之不同過程以後，因閱讀正覺同修會、正智出版社書籍而發起抉擇分，轉入正覺同修會中修學；乃至學法及見道之過程，都一一詳述之。其中張志成等人係由前現代禪轉進正覺同修會，張志成原爲現代禪副宗長，以前未閱本會書籍時，曾被人藉其名義著文評論 平實導師（詳見《宗通與說通》辨正及《眼見佛性》書末附錄…等）；後因偶然接觸正覺同修會書籍，深覺以前聽人評論平實導師之語不實，於是投入極多時間閱讀本會書籍、深入思辨，詳細探索中觀與唯識之關聯與異同，認爲正覺之法義方是正法，深覺相應；亦解開多年來對佛法的迷雲，確定應依八識論正理修學方是正法。乃不顧面子，毅然前往正覺同修會面見平實導師懺悔，並正式學法求悟。今已與其同修王美伶（亦爲前現代禪傳法老師），同樣證悟如來藏而證得法界實相，生起實相般若眞智。此書中尚有七年來本會第一位眼見佛性者之見性報告一篇，一同供養大乘佛弟子。

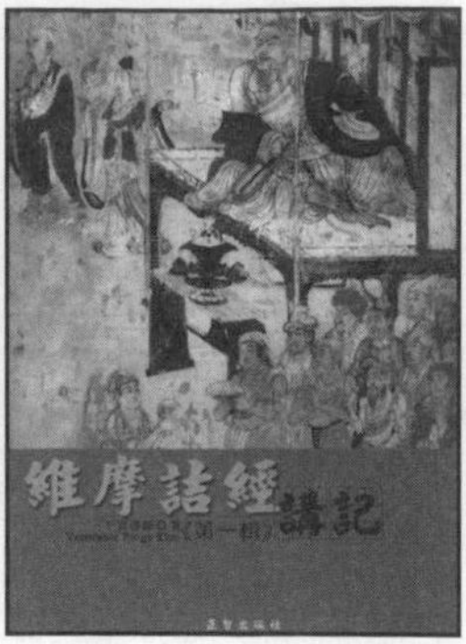

維摩詰經講記：本經係 世尊在世時，由等覺菩薩維摩詰居士藉疾病而演說之大乘菩提無上妙義，所說函蓋甚廣，然極簡略，是故今時諸方大師與學人讀之悉皆錯解，何況能知其中隱含之深妙正義，是故普遍無法爲人解說；若強爲人說，則成依文解義而有諸多過失。今由平實導師公開宣講之後，詳實解釋其中密意，令維摩詰菩薩所說大乘不可思議解脫之深妙正法得以正確宣流於人間，利益當代學人及與諸方大師。書中詳實演述大乘佛法深妙不共二乘之智慧境界，顯示諸法之中絕待之實相境界，建立大乘菩薩妙道於永遠不敗不壞之地，以此成就護法偉功，欲冀永利娑婆人天。已經宣講圓滿整理成書流通，以利諸方大師及諸學人。全書共六輯，每輯三百餘頁，優惠價各200元。

真假外道：本書具體舉證佛門中的常見外道知見實例，並加以教證及理證上的辨正，幫助讀者輕鬆而快速的了知常見外道的錯誤知見，進而遠離佛門內外的常見外道知見，因此即能改正修學方向而快速實證佛法。游正光老師著。成本價200元。

勝鬘經講記：如來藏爲三乘菩提之所依，若離如來藏心體及其含藏之一切種子，即無三界有情及一切世間法，亦無二乘菩提緣起性空之出世間法；本經詳說無始無明、一念無明皆依如來藏而有之正理，藉著詳解煩惱障與所知障間之關係，令學人深入了知二乘菩提與佛菩提相異之妙理；聞後即可了知佛菩提之特勝處及三乘修道之方向與原理，邁向攝受正法而速成佛道的境界中。平實導師講述，共六輯，每輯三百餘頁，優惠價各200元。

楞嚴經講記：楞嚴經係密教部之重要經典，亦是顯教中普受重視之經典；經中宣說明心與見性之內涵極爲詳細，將一切法都會歸如來藏及佛性—妙眞如性；亦闡釋佛菩提道修學過程中之種種魔境，以及外道誤會涅槃之狀況，旁及三界世間之起源。然因言句深澀難解，法義亦復深妙寬廣，學人讀之普難通達，是故讀者大多誤會，不能如實理解佛所說之明心與見性內涵，亦因是故多有悟錯之人引爲開悟之證言，成就大妄語罪。今由平實導師詳細講解之後，整理成文，以易讀易懂之語體文刊行天下，以利學人。全書十五輯，2009/12/1開始發行，每二個月出版一輯，2012年4月全部出版完畢。每輯三百餘頁，優惠價每輯200元。

明心與眼見佛性：本書細述明心與眼見佛性之異同，同時顯示了中國禪宗破初參明心與重關眼見佛性二關之間的關聯；書中又藉法義辨正而旁述其他許多勝妙法義，讀後必能遠離佛門長久以來積非成是的錯誤知見，令讀者在佛法的實證上有極大助益。也藉慧廣法師的謬論來教導佛門學人回歸正知正見，遠離古今禪門錯悟者所墮的意識境界，非唯有助於斷我見，也對未來的開悟明心實證第八識如來藏有所助益，是故學禪者都應細讀之。游正光老師著　共448頁　成本價250元。

菩薩底憂鬱CD將菩薩情懷及禪宗公案寫成新詞，並製作成超越意境的優美歌曲。1.主題曲〈菩薩底憂鬱〉，描述地後菩薩能離三界生死而迴向繼續生在人間，但因尚未斷盡習氣種子而有極深沈之憂鬱，非三賢位菩薩及二乘聖者所知，此憂鬱在七地滿心位方才斷盡；本曲之詞中所說義理極深，昔來所未曾見；此曲係以優美的情歌風格寫詞及作曲，聞者得以激發嚮往諸地菩薩境界之大心，詞、曲都非常優美，難得一見；其中勝妙義理之解說，已印在附贈之彩色小冊中。2.以各輯公案拈提之優美歌曲直示禪門入處之頌文，作成各種不同曲風之超意境歌曲，值得玩味、參究；聆聽公案拈提之優美歌曲時，請同時閱讀內附之印刷精美說明小冊，可以領會超越三界的證悟境界；未悟者可以因此引發求悟之意向及疑情，眞發菩提心而邁向求悟之途，乃至因此眞實悟入般若，成眞菩薩。3.正覺總持咒新曲，總持佛法大意；總持咒之義理，已加以解說並印在隨附之小冊中。本CD共有十首歌曲，長達63分鐘，附贈二張購書優惠券。請直接向各市縣鄉鎮之CD販售店購買，本公司及各講堂都不販售。

禪意無限CD平實導師以公案拈提書中偈頌寫成不同風格曲子，與他人所寫不同風格曲子共同錄製出版，幫助參禪人進入禪門超越意識之境界。盒中附贈彩色印製的精美解說小冊，以供聆聽時閱讀，令參禪人得以發起參禪之疑情，即有機會證悟本來面目，實證大乘菩提般若。本CD共有十首歌曲，長達69分鐘，於2012年五月下旬公開發行，請直接向各市縣鄉鎮之CD販售店購買，本公司及各講堂都不販售。每盒各附贈二張購書優惠券。〈禪意無限〉出版後將不再錄製CD，特此公告。

金剛經宗通：三界唯心，萬法唯識，是成佛之修證內容，是諸地菩薩之所修；般若則是成佛之道（實證三界唯心、萬法唯識）的入門，若未證悟實相般若，即無成佛之可能，必將永在外門廣行菩薩六度，永在凡夫位中。然而實相般若的發起，全賴實證萬法的實相；若欲證知萬法的眞相，則必須探究萬法之所從來，則須實證自心如來—金剛心如來藏，然後現觀這個金剛心的金剛性、眞實性、如如性、清淨性、涅槃性、能生萬法的自性性、本住性，名爲證眞如；進而現觀三界六道唯是此金剛心所成，人間萬法須藉八識心王和合運作方能現起。如是實證《華嚴經》的「三界唯心、萬法唯識」以後，由此等現觀而發起實相般若智慧，繼續進修第十住位的如幻觀、第十行位的陽焰觀、第十迴向位的如夢觀，再生起增上意樂而勇發十無盡願，方能滿足三賢位的實證，轉入初地；自知成佛之道而無偏倚，從此按部就班、次第進修乃至成佛。第八識自心如來是般若智慧之所依，般若智慧的修證則要從實證金剛心自心如來開始；《金剛經》則是解說自心如來之經典，是一切三賢位菩薩所應進修之實相般若經典。這一套書，是將平實導師宣講的《金剛經宗通》內容，整理成文字而流通之；書中所說義理，迥異古今諸家依文解義之說，指出大乘見道方向與理路，有益於禪宗學人求開悟見道，及轉入內門廣修六度萬行。講述完畢後擇期陸續結集出版。總共9輯，每輯約三百餘頁，優惠價各200元。

空行母—性別、身分定位，以及藏傳佛教：本書作者爲蘇格蘭哲學家，因爲嚮往佛教深妙的哲學內涵，於是進入當年盛行於歐美的藏傳佛教密宗，擔任卡盧仁波切的翻譯工作多年以後，被邀請成爲卡盧的空行母（又名佛母、明妃），開始了她在密宗裡的實修過程；後來發覺在密宗雙身法中的修行，其實無法使自己成佛，也發覺密宗對女性岐視而處處貶抑，並剝奪女性在雙身法中擔任一半角色時應有的身分定位。當她發覺自己只是雙身法中被喇嘛利用的工具，沒有獲得絲毫應有的尊重與基本定位時，發現了密宗的父權社會控制女性的本質；於是作者傷心地離開了卡盧仁波切與密宗，但是卻被恐嚇不許講出她在密宗裡的經歷，也不許她說出自己對密宗的教義與教制下對女性剝削的本質，否則將被咒殺死亡。後來她去加拿大定居，十餘年後方才擺脫這個恐嚇陰影，下定決心將親身經歷的實情及觀察到的事實寫下來並且出版，公諸於世。出版之後，她被流亡的達賴集團人士大力攻訐，誣指她爲精神狀態失常、說謊……等。但有智之士並未被達賴集團的政治操作及各國政府政治運作吹捧達賴的表相所欺，使她的書銷售無阻而又再版。正智出版社鑑於作者此書是親身經歷的事實，所說具有針對藏傳佛教而作學術研究的價值，也有使人認清藏傳佛教剝削佛母、明妃的男性本位實質，因此洽請作者同意中譯而出版於華人地區。珍妮·坎貝爾女士著，呂艾倫 中譯，每冊250元。

霧峰無霧—給哥哥的信：本書作者藉兄弟之間信件往來論義，略述佛法大義；並以多篇短文辨義，舉出釋印順對佛法的無量誤解證據，並一一給予簡單而清晰的辨正，令人一讀即知。久讀、多讀之後即能認清楚釋印順的六識論見解，與眞實佛法之牴觸是多麼嚴重；於是在久讀、多讀之後，於不知不覺之間提升了對佛法的極深入理解，正知正見就在不知不覺間建立起來了。當三乘佛法的正知見建立起來之後，對於三乘菩提的見道條件便將隨之具足，於是聲聞解脫道的見道也就水到渠成；接著大乘見道的因緣也將次第成熟，未來自然也會有親見大乘菩提之道的因緣，悟入大乘實相般若也將自然成功，自能通達般若系列諸經而成實義菩薩。作者居住於南投縣霧峰鄉，自喻見道之後不復再見霧峰之霧，故鄉原野美景一一明見，於是立此書名爲《霧峰無霧》；讀者若欲撥霧見月，可以此書爲緣。游宗明 老師著　成本價200元。

藏傳佛教的神話—性、謊言、喇嘛教：本書編著者是由一首名叫「阿姊鼓」的歌曲為緣起，展開了序幕，揭開藏傳佛教—喇嘛教—的神祕面紗。其重點是蒐集、摘錄網路上質疑「喇嘛教」的帖子，以揭穿「藏傳佛教的神話」為主題，串聯成書，並附加彩色插圖以及說明，讓讀者們瞭解西藏密宗及相關人事如何被操作為「神話」的過程，以及神話背後的眞相。作者：張正玄教授。售價200元。

達賴真面目—玩盡天下女人：假使您不想戴綠帽子，請記得詳細閱讀此書；假使您不想讓好朋友戴綠帽子，請您將此書介紹給您的好朋友。假使您想保護家中的女性，也想要保護好朋友的女眷，請記得將此書送給家中的女性和好友的女眷都來閱讀。本書為印刷精美的大本彩色中英對照精裝本，為您揭開達賴喇嘛的眞面目，內容精彩不容錯過，為利益社會大眾，特別以優惠價格嘉惠所有讀者。編著者：白志偉等。大開版雪銅紙彩色精裝本。售價800元。

喇嘛性世界—揭開藏傳佛教譚崔瑜伽的面紗：這個世界中的喇嘛，號稱來自世外桃源的香格里拉，穿著或紅或黃的喇嘛長袍，散布於我們的身邊傳教灌頂，吸引了無數的人嚮往學習；這些喇嘛虔誠地為大眾祈福，手中拿著寶杵（金剛）與寶鈴（蓮花），口中唸著咒語：「唵・嘛呢・叭咪・吽……」，咒語的意思是說：「我至誠歸命金剛杵上的寶珠伸向蓮花寶穴之中」！「喇嘛性世界」是什麼樣的「世界」呢？本書將為您呈現喇嘛世界的面貌。當您發現眞相以後，您將會唸：噢！喇嘛・性・世界，譚崔性交嘛」作者：張善思、呂艾倫。售價200元。

末代達賴——性交教主的悲歌：簡介從藏傳僞佛教（喇嘛教）的修行核心——性力派男女雙修，探討達賴喇嘛及藏傳僞佛教的修行內涵。書中引用外國知名學者著作、世界各地新聞報導，包含：歷代達賴喇嘛的祕史、達賴六世修雙身法的事蹟，以及《時輪續》中的性交灌頂儀式……等；達賴喇嘛書中開示的雙修法、達賴喇嘛的黑暗政治手段；達賴喇嘛所領導的寺院爆發喇嘛性侵兒童；新聞報導《西藏生死書》作者索甲仁波切性侵女信徒、澳洲喇嘛秋達公開道歉、美國最大藏傳佛教組織領導人邱陽創巴仁波切的性氾濫；等等事件背後眞相的揭露。作者：張善思、呂艾倫、辛燕。售價250元。

第七意識與第八意識？「三界唯心，萬法唯識」是佛教中應該實證的聖教，也是《華嚴經》中明載而可以實證的法界實相。唯心者，三界一切境界、一切諸法唯是一心所成就，即是每一個有情的第八識如來藏，不是意識心。唯識者，即是人類各各都具足的八識心王——眼識、耳鼻舌身意識、意根、阿賴耶識，第八阿賴耶識又名如來藏，人類五陰相應的萬法，莫不由八識心王共同運作而成就，故說萬法唯識。依聖教量及現量、比量，都可以證明意識是二法因緣生，是由第八識藉意根與法塵二法為因緣而出生，又是夜夜斷滅不存之生滅心，即無可能反過來出生第七識意根、第八識如來藏，當知不可能從生滅性的意識心中，細分出恆審思量的第七識意根，更無可能細分出恆而不審的第八識如來藏。本書是將演講內容整理成文字，細說如是內容，並已在《正覺電子報》連載完畢，今彙集成書以廣流通，欲幫助佛門有緣人斷除意識我見，跳脫於識陰之外而取證聲聞初果；嗣後修學禪宗時即得不墮外道神我之中，得以求證第八識金剛心而發起般若實智。平實導師 述，每冊250元。

黯淡的達賴—失去光彩的諾貝爾和平獎：本書舉出很多證據與論述，詳述達賴喇嘛不爲世人所知的一面，顯示達賴喇嘛並不是眞正的和平使者，而是假借諾貝爾和平獎的光環來欺騙世人；透過本書的說明與舉證，讀者可以更清楚的瞭解，達賴喇嘛是結合暴力、黑暗、淫欲於喇嘛教裡的集團首領，其政治行爲與宗教主張，早已讓諾貝爾和平獎的光環染污了。　本書由財團法人正覺教育基金會寫作、編輯，由正覺出版社印行，每冊250元。

童女迦葉考—論呂凱文〈佛教輪迴思想的論述分析〉之謬：童女迦葉是佛世率領五百大比丘遊行於人間的歷史事實，是以童貞行而依止菩薩戒弘化於人間的大菩薩，不依別解脫戒（聲聞戒）來弘化於人間。這是大乘佛教與聲聞佛教同時存在於佛世的歷史明證，證明大乘佛教不是從聲聞法中分裂出來的部派佛教的產物，卻是聲聞佛教分裂出來的部派佛教聲聞凡夫僧所不樂見的史實；於是古今聲聞法中的凡夫都欲加以扭曲而作詭說，更是末法時代高聲大呼「大乘非佛說」的六識論聲聞凡夫極力想要扭曲的佛教史實之一，於是想方設法扭曲迦葉菩薩爲聲聞僧，以及扭曲迦葉童女爲比丘僧等荒謬不實之論著便陸續出現，古時的《分別功德論》是最具體之事例，現代之代表作則是呂凱文先生的〈佛教輪迴思想的論述分析〉論文。鑑於如是假藉學術考證以籠罩大眾之不實謬論，未來仍將繼續造作及流竄於佛教界，足以扼殺大乘佛教學人的法身慧命，以是緣故不得不舉證辨正之，遂成此書。平實導師 著，每冊180元，已於2013/08/31出版。

人間佛教：「大乘非佛說」的講法似乎流傳已久，卻只是日本人企圖擺脫中國佛教的影響，而在明治維新時期才開始提出來的說法；台灣佛教、大陸佛教的淺學無智之人，由於未曾實證佛法而迷信日本人錯誤的學術考證，錯認爲這些別有用心的日本佛學考證的講法爲天竺佛教的眞實歷史；甚至還有更激進的反對佛教者提出「釋迦牟尼佛並非眞實存在，只是後人捏造的假歷史人物」，也竟然有少數人願意跟著「學術」的假光環而信受不疑，於是開始有一些佛教界人士造作了反對中國佛教而推崇南洋小乘佛教的行爲；在這些佛教及外教人士之中，也就有一分人根據此邪說而大聲主張「大乘非佛說」的謬論，這些人以「人間佛教」的名義來抵制中國大乘佛教，公然宣稱大乘佛教是由聲聞部派佛教的凡夫僧所創造出來的。這樣的說法流傳於台灣及大陸佛教界凡夫僧之中已久，卻非眞正的佛教歷史中曾經發生過的事，只是繼承六識論的聲聞法中凡夫僧依於自己的意識境界立場，純憑臆想而編造出來的妄想說法，卻已經影響許多無智之凡夫僧俗信受不移。本書則是從佛教的經藏法義實質及實證的現量內涵本質立論，證明大乘佛法本是佛說，是從《阿含正義》尚未說過的不同面向來討論「人間佛教」的議題，證明「大乘真佛說」。閱讀本書可以斷除六識論邪見，迴入三乘菩提正道發起實證的因緣；也能斷除禪宗學人學禪時普遍存在之錯誤知見，對於建立參禪時的正知見有很深的著墨。平實導師 述，定價300元，已於2013/11/30出版。

見性與看話頭：黃正倖老師的《見性與看話頭》已於〈正覺電子報〉連載完畢，即將出版；書中詳說禪宗看話頭的詳細方法，並細說看話頭與眼見佛性的關係，以及眼見佛性者求見佛性前必須具備的條件。本書是禪宗實修者追求明心開悟時參禪的方法書，也是求見佛性者作功夫時必讀的方法書，內容兼顧眼見佛性的理論與實修之方法，是依實修之體驗配合理論而詳述，條理分明而且極爲詳實、周全、深入。本書內文375頁，全書416頁，定價300元。

實相經宗通：學佛之目的在於實證一切法界背後之實相，禪宗稱之爲本來面目或本地風光，佛菩提道中稱之爲實相法界；此實相法界即是金剛藏，又名佛法之祕密藏，即是能生有情五陰、十八界及宇宙萬有（山河大地、諸天、三惡道世間）的第八識如來藏，又名阿賴耶識心，即是禪宗祖師所說的眞如心，此心即是三界萬有背後的實相。證得此第八識心時，自能瞭解般若諸經中隱說的種種密意，即得發起實相般若——實相智慧。每見學佛人修學佛法二十年後仍對實相般若茫然無知，亦不知如何入門，茫無所趣；更因不知三乘菩提的互異互同，是故越是久學者對佛法越覺茫然，都肇因於尙未瞭解佛法的全貌，亦未瞭解佛法的修證內容即是第八識心所致。本書對於修學佛法者所應實證的實相境界提出明確解析，並提示趣入佛菩提道的入手處，有心親證實相般若的佛法實修者，宜詳讀之，於佛菩提道之實證即有下手處。平實導師述著，共八輯，每輯成本價200元。2014/01/31起開始出版，每二個月出版一輯。

修習止觀坐禪法要講記：修學四禪八定之人，往往錯會禪定之修學知見，欲以無止盡之坐禪而證禪定境界，卻不知修除性障之行門才是修證四禪八定不可或缺之要素，故智者大師云「性障初禪」；性障不除，初禪永不現前，云何修證二禪等？又：行者學定，若唯知數息，而不解六妙門之方便善巧者，欲求一心入定，極難可得，智者大師名之爲「事障未來」：障礙未到地定之修證。又禪定之修證，不可違背二乘菩提及第一義法，否則縱使具足四禪八定，亦不能實證涅槃而出三界。此諸知見，智者大師於《修習止觀坐禪法要》中皆有闡釋。作者平實導師以其第一義之見地及禪定之實證證量，曾加以詳細解析。將俟正覺寺竣工啓用後重講，不限制聽講者資格；講後將以語體文整理出版。欲修習世間定及增上定之學者，宜細讀之。平實導師述著。

解深密經講記：本經係 世尊晚年第三轉法輪，宣說地上菩薩所應熏修之唯識正義經典，經中所說義理乃是大乘一切種智增上慧學，以阿陀那識—如來藏—阿賴耶識爲主體。禪宗之證悟者，若欲修證初地無生法忍乃至八地無生法忍者，必須修學《楞伽經、解深密經》所說之八識心王一切種智；此二經所說正法，方是眞正成佛之道；印順法師否定如來藏之後所說萬法緣起性空之法，是以誤會後之二乘解脫道取代大乘眞正成佛之道，亦已墮於斷滅見中，不可謂爲成佛之道也。平實導師曾於本會郭故理事長往生時，於喪宅中從初七至第十七，宣講圓滿，作爲郭老之往生佛事功德，迴向郭老早證八地、速返娑婆住持正法；茲爲今時後世學人故，將擇期重講《解深密經》，以淺顯之語句整理成文，用供證悟者進道；亦令諸方未悟者，據此經中佛語正義，修正邪見，依之速能入道。平實導師述著，全書輯數未定，每輯三百餘頁，將於未來重講完畢後整理成文、逐輯出版。

佛法入門：學佛人往往修學二十年後仍不知如何入門，茫無所入漫無方向，不知如何實證佛法；更因不知三乘菩提的互異互同之處，導致越是久學者越覺茫然，都是肇因於尚未瞭解佛法的全貌所致。本書對於佛法的全貌提出明確的輪廓，並說明三乘菩提的異同處，讀後即可輕易瞭解佛法全貌，數日內即可明瞭三乘菩提入門方向與下手處。○○菩薩著 出版日期未定。

阿含講記——小乘解脫道之修證：數百年來，南傳佛法所說證果之不實，所說解脫道之虛妄，所弘解脫道法義之世俗化，皆已少人知之；從南洋傳入台灣與大陸之後，所說法義虛謬之事，亦復少人知之；今時台灣全島印順系統之法師居士，多不知南傳佛法數百年來所說解脫道之義理已然偏斜、已然世俗化、已非眞正之二乘解脫正道，猶極力推崇與弘揚。彼等南傳佛法近代所謂之證果者多非眞實證果者，譬如阿迦曼、葛印卡、帕奧禪師、一行禪師……等人，悉皆未斷我見故。近年更有台灣南部大願法師，高抬南傳佛法之二乘修證行門爲「捷徑究竟解脫之道」者，然而南傳佛法縱使眞修實證，得成阿羅漢，至高唯是二乘菩提解脫之道，絕非究竟解脫，無餘涅槃中之實際尚未得證故，法界之實相尚未了知故，習氣種子待除故，一切種智未實證故，焉得謂爲「究竟解脫」？即使南傳佛法近代眞有實證之阿羅漢，尚且不及三賢位中之七住明心菩薩本來自性清淨涅槃智慧境界，則不能知此賢位菩薩所證之無餘涅槃實際，仍非大乘佛法中之見道者，何況普未實證聲聞果乃至未斷我見之人？謬充證果已屬逾越，更何況是誤會二乘菩提之後，以未斷我見之凡夫知見所說之二乘菩提解脫偏斜法道，焉可高抬爲「究竟解脫」？而且自稱「捷徑之道」？又妄言解脫之道即是成佛之道，完全否定般若實智、否定三乘菩提所依之如來藏心體，此理大大不通也！平實導師爲令修學二乘菩提欲證解脫果者，普得迴入二乘菩提正見、正道中，是故選錄四阿含諸經中，對於二乘解脫道法義有具足圓滿說明之經典，預定未來十年內將會加以詳細講解，令學佛人得以了知二乘解脫道之修證理路與行門，庶免被人誤導之後，未證言證，干犯道禁，成大妄語，欲升反墮。本書首重斷除我見，以助行者斷除我見而實證初果爲著眼之目標，若能根據此書內容，配合平實導師所著《識蘊眞義》《阿含正義》內涵而作實地觀行，實證初果非爲難事，行者可以藉此三書自行確認聲聞初果爲實際可得現觀成就之事。此書中除依二乘經典所說加以宣示外，亦依斷除我見等之證量，及大乘法中道種智之證量，對於意識心之體性加以細述，令諸二乘學人必定得斷我見、常見，免除三縛結之繫縛。次則宣示斷除我執之理，欲令升進而得薄貪瞋痴，乃至斷五下分結…等。平實導師述，共二冊，每冊三百餘頁。

佛教正覺同修會各地共修處：

台北正覺講堂：
台北市承德路三段二七七號九樓……等（捷運淡水線圓山站旁）
電話：(02)2595-7295（請於晚上共修時聯繫）
(分機號碼：九樓 10、11。十樓 15、16。五樓 18、19。十樓書局 14。)

大溪正覺祖師堂：
桃園縣大溪鎮美華里信義路六五〇巷坑底五之六號
電話：(03)388-6110

桃園正覺講堂：
桃園市介壽路二八六、二八八號十樓（陽明運動公園對面）
電話：(03)374-9363（請於晚上共修時聯繫）

新竹正覺講堂：
新竹市東光路五五號二樓之一（正群工商大樓）
電話：(03)5724297（請於晚上共修時聯繫）

台中正覺講堂：
台中市南屯區五權西路二段六六六號十三樓之四……等（國泰世華銀十三樓）
電話：(04)2381-6090（請於晚上共修時聯繫）

台南正覺講堂：
台南市西門路四段十五號四樓……等（民德國中北側京城銀行樓上）
電話：(06)282-0541（請於晚上共修時聯繫）

高雄正覺講堂：
高雄市中正三路四十五號五樓……等（復興中正路口捷運信義國小站旁）
電話：(07)223-4248（請於晚上共修時聯繫）

香港正覺講堂：
香港新界葵涌大連排道 21-23 號宏達工業中心 7 樓 10 室(葵興地鐵站)
電話：(852)2326-2231（請於週六、週日共修時聯繫）

美國洛杉磯正覺講堂：
825 S. Lemon Ave, Diamond Bar, CA 91798, U.S.A.
Tel. (909) 595-5222（請於週六9:00~18:00 之間聯繫） Cell. (626) 454-0607

正覺同修會網址：http://www.a202.idv.tw
正覺同修會所有結緣書內容之閱讀或下載：
成佛之道網站：http://www.a202.idv.tw
正智出版社 書香園地：http://books.enlighten.org.tw

國家圖書館出版品預行編目(CIP)資料

藏傳佛教的神話：性、謊言、喇嘛教 / 張正玄編
著. -- 初版. -- 臺北市：正智, 2011.11
面；　公分
ISBN 978-986-6431-19-7(平裝)

1.藏傳佛教 2.文集

226.9607　　100013388

藏傳佛教的神話

——性、謊言、喇嘛教

作　者：張正玄教授
出版者：正智出版社有限公司
通訊地址：103台北市承德路三段二六七號十樓
電　話：+886-2-25957295 ext.10-21
（請於夜間共修時間聯繫）
傳　真：+886-2-25954493
帳　號：04600190174 臺灣銀行 民權分行
成本價：新臺幣貳佰元
初版一刷：公元二〇一一年十一月　一萬冊
初版三刷：公元二〇一四年三月　一萬冊